¡NOS VEMOS PRONTO!

Una historia de Esperanza
La Vida de Danielle Grace

ESCRITO POR DR. DANIEL R. CARFREY

ARPress
ILLUMINATING IDEAS.
EMPOWERING VOICES

ARPress
45 Dan Road Suite 36
Canton MA 02021
Hotline: 1(888) 821-0229
Fax: 1(508) 545-7580

Información para pedidos:
Ventas por cantidad. Hay descuentos especiales disponibles en compras por cantidad realizadas por corporaciones, asociaciones y otros. Para obtener detalles, póngase en contacto con el editor en la dirección anteriormente mencionada.

Impreso en los Estados Unidos de América.

ISBN-13:   Tapa blanda   979-8-89330-514-2
              eBook   979-8-89330-515-9

Número de Control de la Biblioteca del Congreso: 2024900791

Agradecimientos

Nos gustaría extender un agradecimiento especial a:

Nuestros padres, quienes estuvieron a nuestro lado, oraron por nosotros y nos levantaron tantas veces.

La Dra. Jill Gaines, por su cuidado y apoyo ejemplar durante ambos embarazos.

Terri Goad y el personal de enfermería en la planta de maternidad, por su cuidado adicional durante la recuperación de MarySusan, así como la "caja de recuerdos" que crearon para nosotros.

Mary Wall, por ayudarnos a capturar momentos invaluables con Danielle a través de la fotografía que guardaremos por el resto de nuestras vidas.

Pastor Robert Alderman, por su aliento y por oficiar el servicio de sepelio de Danielle.

Innumerables familiares y amigos que nos amaron, nos animaron y nos cuidaron de maneras que no podemos enumerar.

TABLE OF CONTENTS

Prefacio

"**D**r. Carfrey, quiero una copia de ese libro tan pronto como sea publicado". Este ha sido el comentario que he escuchado muchas veces desde que empecé a decirle a la gente que tenía la intención de escribir sobre la experiencia de perder a nuestra nieta, Danielle Grace, cuando tenía solo veintidós semanas de gestación. Eso fue hace casi un año. Mirando hacia atrás en mis años de ministerio, no creo que haya sido tan sensible como debería haber sido a lo que las mujeres experimentan al perder a su hijo mientras aún está en el útero o en el momento del parto.

Eso ha cambiado dramáticamente para mí.

Es por eso que he escrito este libro, compartiendo los profundos sentimientos que mi esposa Shirley y yo sentimos mientras pasábamos por esta experiencia con nuestra hija MarySusan. Este libro también incluye, en sus propias palabras, algunas reflexiones que ella y su esposo, nuestro yerno Brandon, tuvieron en ese momento. Me alegra decir que todos hemos superado esta experiencia con una fe aún más fuerte en nuestro Señor Jesucristo y el plan de Dios para nuestras vidas. Es su gracia y paz lo que nos ha sostenido, como usted también experimentará si ha llamado personalmente al nombre de Jesús para que sea su Salvador personal.

Este libro no solo comparte nuestra experiencia con usted, el lector, sino que también comparte por qué creemos firmemente que volveremos a ver a Danielle Grace. También incluimos ayuda de la Biblia sobre cómo cualquier creyente puede, con la ayuda del Señor, manejar el gran dolor y las emociones negativas en la pérdida de un ser querido.

Si tiene alguna pregunta o palabra de aliento para nosotros como resultado de leer este libro, nos encantaría saber de usted. Dr. Dan Carfrey, c/o Appalachian Bible College, 161 College Drive, Mt. Hope WV, 25880. Si desea mantenerse al día con la historia continua de mi hija y mi yerno.

CAPITULO UNO

SOBRE LOS PADRES DE DANI

MarySusan Williams era en sí misma, un regalo del Señor. Shirley Caudill y yo, Dan Carfrey, nos casamos en una pequeña iglesia de campo en el este de Kentucky, donde yo había sido pastor. Decidí unirme al Ejército como Asistente de Capellán y nos mudamos a Columbia, Carolina del Sur, donde me presenté para el servicio en Fort Jackson en junio de 1973.

La Alegría y el Dolor

No pasó mucho tiempo antes de que mi esposa quedara embarazada. Ella solo tenía catorce semanas de embarazo cuando sufrió un aborto espontáneo debido a un robo en el banco donde trabajaba. ¿Cómo se explica esto? Los médicos nos dijeron que probablemente había algo mal desde el principio, para que el aborto ocurriera con tanta facilidad. Consideramos que este asunto era la voluntad del Señor y esperamos con ansias la próxima vez que Shirley quedara embarazada.

La Alegría

Pasaron otros diez años antes de que mi esposa quedara embarazada nuevamente, y esto solo después de una cirugía

1

en la que nos dijeron que aún así, solo tendría un veinticinco por ciento de posibilidades de concebir. Fue entonces cuando Dios nos dio una preciosa hija en septiembre de 1983. La llamamos como su madre y mi madrastra, ambas con el nombre de Mary. Susan era la hermana menor de Shirley, que como niña nacida con Síndrome de Down, siempre había tenido un lugar especial en el corazón de mi esposa.

Celebramos su milagroso nacimiento con las palabras de Ana cuando Dios respondió su oración por su hijo Samuel. Ese fue el versículo que mi esposa y yo utilizamos y distribuimos con letras doradas en marcapáginas rojos cuando nació MarySusan. "Por este niño oraba, y el Señor me concedió la petición que le pedí." (1 Samuel 1:27) Sentimos que era mucho más apropiado que distribuir cigarros, como era la práctica común en aquel entonces.

No queríamos que se la llamara solo Mary y que la gente olvidara su segundo nombre. Así que combinamos los dos nombres sin separarlos, y capitalizamos la "S" en el nombre Susan para indicar que ambos eran igualmente importantes. Así fue como se la nombró "MarySusan" y ha sido una fuente de alegría para nuestros corazones desde su nacimiento; no solo porque era bonita por fuera, sino porque era hermosa por dentro. Aceptó al Señor Jesús como su Salvador personal desde muy temprana edad y demostró su fe cristiana de muchas maneras mientras crecía.

MarySusan conoció a Brandon cuando comenzaron sus estudios en el Appalachian Bible College en Bradley, West Virginia en el otoño de 2001. Yo estaba conduciendo por el campus cuando vi a mi hija en compañía de Brandon. Miré a mi esposa y le pregunté: "¿Quién es ese chico?". Bueno, ese "chico" se convirtió en nuestro yerno. Se casaron en agosto de 2005.

CAPITULO DOS

LA FELICIDAD CONVERTIDA EN DOLOR

En el primer embarazo de MarySusan

La alegría

Durante toda su vida, MarySusan había querido ser madre. Aunque había demostrado un talento especial en la enseñanza de estudiantes de primaria, anhelaba tener un hijo propio. Nunca olvidaré la alegría que sentimos cuando nos informaron que estaba embarazada.

El dolor

Sin embargo, ocurrió un evento muy raro. No solo el bebé no sobreviviría, sino que la vida de MarySusan también estaba en peligro. Nunca olvidaré el dolor en el rostro de nuestra hija cuando su médico entró para llevarla a cirugía. Tampoco olvidaré nuestro dolor emocional por nuestra hija, sabiendo que MarySusan misma podía morir en la mesa de operaciones. Pareció una eternidad mientras esperábamos para conocer los resultados. Pero en respuesta a nuestras oraciones, no solo MarySusan salió bien de la cirugía, sino que también podría concebir de nuevo, si el Señor lo quisiera.

En el segundo embarazo de MarySusan

La alegría

Tres años después, MarySusan volvió a quedar embarazada. Cuánto nos emocionamos. Habíamos rezado continuamente para que Dios le permitiera tener otro hijo, sabiendo cuánto ella quería ser madre.

Llamaba todos los días durante las siguientes veintidós semanas, compartiendo su alegría con nosotros. Un día, le pregunté si ya podía sentir mover a su hija y ella dijo que esa noche en la iglesia había mirado hacia abajo y visto moverse su estómago. Se rió, y yo también. Le dije: "MarySusan, estoy muy emocionado por ti de que el Señor te esté dando una experiencia que los hombres nunca querríamos tener". Se rió aún más.

Gracias, Señor, por responder nuestras oraciones.

El dolor

Cirugía de emergencia

La mañana del 24 de febrero de 2014, MarySusan se despertó sintiéndose mal. Brandon fue a trabajar, pero volvió a su casa durante su hora de almuerzo para revisar cómo estaba ella. Había estado vomitando y tenía un dolor intenso. Brandon la llevó rápidamente a su médico, quien la ingresó en el hospital. Había rezado por ambos temprano esa mañana, y creo que Dios puso en la mente y el corazón de Brandon ir a ver a MarySusan.

Cuando llegaron al hospital, no tardaron mucho en determinar la emergencia de la situación. Comenzaron a prepararla para la cirugía de inmediato. Estaba en Beckley, Virginia Occidental, repasando una lección con un hombre de nuestra iglesia. Estaba revisando con él una lección que había escrito y que había compartido muchas veces con los estudiantes del Appalachian Bible College sobre las emociones negativas y cómo manejarlas de la manera de Dios. ¡Hablar de la necesidad de que un predicador aplique lo que enseña a

4

los demás! Mientras repasaba esta lección con el hombre, mi esposa me llamó para informarme que estaban llevando a mi hija de emergencia a cirugía.

Inmediatamente nos preparamos para salir de Beckley hacia Roanoke, VA, donde vivían Brandon y MarySusan. Eran las 7:30 de la tarde y el viaje duraba dos horas. En el camino, oré en voz alta al Señor pidiéndole misericordia para mi hija y el bebé. Nos sentíamos impotentes al saber que la cirugía estaba teniendo lugar mientras estábamos en el camino. Pero confiaba en la bondad de nuestro Dios, quien había sido tan bueno con Shirley y conmigo a lo largo de los años.

Trauma Emocional

Cuando nos acercábamos a Roanoke, no pude comunicarme con el padre de Brandon, Les. Le dije a mi esposa que él podría estar hablando con los médicos en ese mismo momento sobre el resultado de la cirugía. Cuando llegamos, varios pastores de Brandon y MarySusan estaban allí con la familia de Brandon. Les nos informó que el resultado no había sido bueno. MarySusan había perdido a su bebé. Nuestros corazones sintieron el dolor y la tristeza inmediata y pregunté: "¿MarySusan está viva?" Para mi alivio, la respuesta fue "Sí". Gracias, Señor.

Pero luego, experimentamos otro golpe negativo en nuestros corazones. Nos dieron más información sobre lo que había sucedido. Como MarySusan describe en el siguiente capítulo, lo que sucedió en la mesa de operaciones mostró la mano de Dios y Su tiempo perfecto.

Así que de nuevo, sentimos tanto alegría como tristeza; alegría por haber salvado su vida, y aún así tristeza al saber que nuestra hija nunca podría concebir de nuevo. Parecía que esperamos mucho tiempo para que Brandon, junto con los médicos, informaran a MarySusan sobre el resultado de su cirugía. Después, MarySusan llamó a Shirley y a mí para que entráramos. Lloró mientras me informaba del nombre que ella y Brandon habían seleccionado de antemano; Danielle Grace, "Dani Grace" como versión abreviada. Lloramos con ella.

Ella me pidió que le leyera algunas Escrituras. En la prisa por llegar allí, había dejado mi Biblia en el estacionamiento del hospital, así que comencé a citar de memoria algunas Escrituras del libro de los Salmos. Le pregunté si eso ayudaba, y ella sonrió en acuerdo.

Vínculo Emocional

A la mañana siguiente, las enfermeras trajeron a Danielle para que MarySusan y Brandon la sostuvieran por primera vez. Cuando Shirley y yo fuimos invitados a unirnos a ellos, no podía creer lo que veía la primera vez que la vi. ¡Qué niña tan hermosa! Fue precioso ver a mi hija sonriendo hacia abajo. Nos reímos y lloramos juntos mientras la sosteníamos en nuestros brazos, observando las características físicas que cada uno de nosotros vio que se parecían (a nuestros ojos) a uno o más de nosotros. Era tan pequeña, pero la formación del cuerpo que el Señor había preparado para ella parecía tan intrincada, tan precisa, hasta los dedos de las manos y los pies.

Todos compartimos la alegría juntos; Shirley y yo, así como Les y Jean, los padres de Brandon. Tomamos muchas fotos juntos. MarySusan le dijo a su madre en privado:

"Mamá, ahora sé cómo se siente el amor de una madre. Nunca antes había experimentado un amor así". Cuando Shirley me dijo más tarde lo que MarySusan había dicho, susurré las palabras en mi corazón de nuevo; "Gracias, Señor". El amor que mi esposa y yo experimentamos como abuelos por esta pequeña niña fue puesto en nuestros corazones por el Señor que nos la dio.

Los momentos de dolor vendrían a menudo. Pero habría alegría en medio de la tristeza. La necesidad de oración continua permaneció para todos nosotros. Qué amables fueron los miembros del pueblo de Dios al expresar múltiples muestras de sus oraciones por nosotros durante este tiempo; a través de visitas personales al hospital, a través de Facebook, correo electrónico y mensajes de texto. Como dice la letra del coro; "Estoy tan contento de ser parte de la familia de Dios".

Nos alegramos de que nuestra hija y nuestro yerno fueran tan queridos.

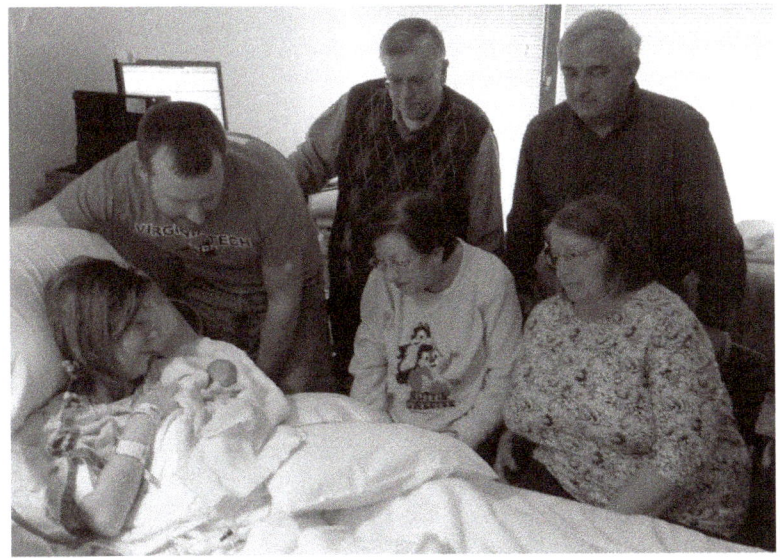

Both sets of Grandparents: Dan and Shirley Carfrey (nearest to MarySusan and Brandon, and Les and Jean Williams

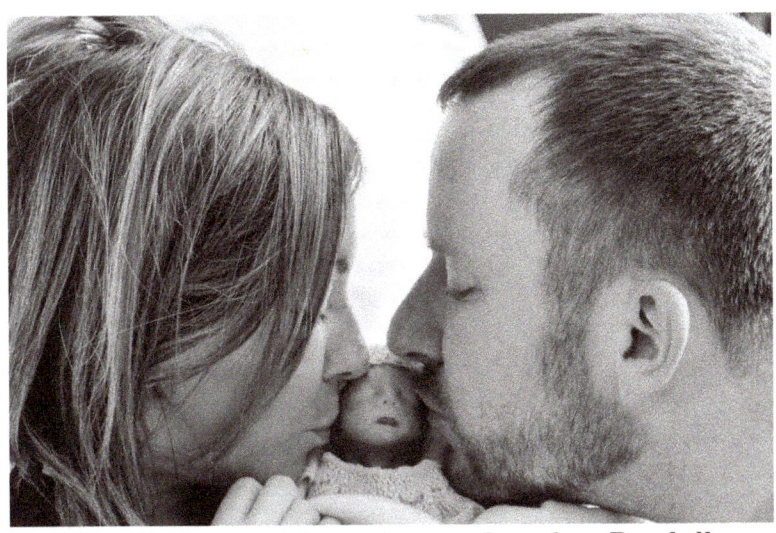

MarySusan and Brandon embracing Danielle

CAPITULO TRES

EN SUS PROPIAS PALABRAS

Testimonio personal de MarySusan

Mi primer embarazo

Desde que tengo memoria, he querido ser madre. La mayoría de los niños tienen amigos imaginarios cuando son pequeños, pero yo tenía hijos imaginarios. Cinco niños, para ser exactos. Como hija única, ¡tenía que ocupar mi tiempo de alguna manera! Elegí una carrera principalmente porque se esperaba. Sí, creo que Dios me llamó a enseñar (y me encanta), pero mi verdadero deseo siempre ha sido criar a mis propios hijos.

Ha sido un camino muy largo. Pasó casi un año de intentarlo antes de quedar embarazada. Nos enteramos de que estábamos esperando nuestro primer hijo justo antes de nuestro quinto aniversario en agosto de 2010. Ya habíamos pasado mucho ese año, y este hijo parecía ser una señal del favor de Dios. Solo llevaría al Bebé # 1 durante 9 semanas antes de que lo perdiéramos en una situación muy rara que solo el 2% de las mujeres han experimentado. Dios todavía nos estaba mostrando que Él estaba en control, sin embargo.

La cirugía planificada era peligrosa y extensa. En el último momento, mi médico decidió probar una ruta menos invasiva, aunque las posibilidades eran escasas de que fuera exitosa. ¡El procedimiento funcionó y, como resultado, todavía podría llevar a un niño en el futuro!

Alguien dijo una vez que uno nunca supera la pérdida de un hijo; he encontrado que esto es muy cierto. Incluso meses después, todavía regresaría a casa después de enseñar en la escuela y lloraría porque no tenía un bebé que abrazar. Había una sensación de vacío. Aún así, había la esperanza del futuro. Después de perder al primer bebé, mi deseo de tener un hijo solo se intensificó. No pudimos quedar embarazados después de perder a nuestro primer bebé, así que comencé a someterme a pruebas y tratamientos de fertilidad. Después de unos ocho meses, finalmente me pusieron en contacto con un especialista en otra ciudad que reconoció de inmediato que tenía un daño extenso debido a la cirugía en 2010.

Dos cirugías más, algunas pruebas muy dolorosas, meses de tratamientos, altibajos emocionales y miles de dólares después, nos enteramos de que estábamos esperando a nuestro "bebé arcoíris". (Cuando tienes un bebé después de perder uno, se llama "bebé arcoíris"). Cuando escuché por primera vez esta referencia, pensé que era perfecta. Hubo tres momentos separados en este viaje en los que le pedí a Dios que me recordara que estaba allí y que todo estaría bien, y las tres veces Él me había mostrado un arcoíris.

Mi segundo embarazo con Dani Grace

Durante años, había clamado a Dios buscando confiar en Él, y aprendiendo a pedir con fe y expectativa. Habían pasado tres años y un mes desde que perdimos a nuestro primer hijo. Siempre sentimos que Dios redimiría nuestra historia y nos permitiría tener una segunda oportunidad, especialmente por la manera en que había trabajado en la cirugía de 2010, permitiéndome poder llevar a otro bebé. Esos años de batallar contra las emociones, evitar baby showers, guarderías, y lidiar con un "No", habían terminado. Finalmente.

"Gratitud" no comienza a describir nuestra abrumadora sensación de agradecimiento por este regalo. Inmediatamente lo contamos a la familia y amigos cercanos. A las pocas semanas, decidimos anunciarlo, porque sabíamos la importancia de que otros comenzaran a orar por este bebé. La gente estaba extasiada por nosotros. Nos dijeron que éramos una "inspiración" porque nos aferramos a la esperanza cuando parecía que deberíamos haber renunciado. Incluso mi doctora, que había estado en este viaje con nosotros desde 2010, estaba absolutamente emocionada por nosotros. Solía sentirme literalmente enferma si tenía que ir a visitar el edificio donde se encontraba su consultorio, pero ahora representaría un lugar de sueños cumplidos, en lugar de sueños frustrados.

El miedo era algo con lo que lucharía desde el primer día de este embarazo. Nunca tuve el lujo de asumir que las cosas irían bien en mis embarazos. Comencé a luchar contra estos temores, y quiero decir que realmente los luché. A través de las Escrituras y la oración, Dios comenzó a ayudarme a descansar en Él por el futuro de este bebé. A veces me recordaba en voz alta que este no era nuestro hijo, sino Su hijo. Sabía que Él quería que confiara en Él y llegué al punto en que mi confianza en Dios superó mis miedos. Experimenté el Salmo 34:4; "Busqué al SEÑOR, y Él me oyó, y me libró de todos mis temores."

Mientras que estaríamos felices de cualquier manera, Brandon estaba convencido de que nuestro bebé era un niño. Pero yo no estaba tan segura. No había tenido mucho mareo matutino, y eso iba de la mano con los cuentos populares que habíamos escuchado. Aun así, mi mamá pensó que era una niña, ¡y tenía razón! Cuando Brandon y yo descubrimos el género del bebé, nos sorprendimos, pero nos enamoramos aún más de nuestro hijo. Ya habíamos decidido principalmente un nombre, ¡aunque Brandon aún no estaba listo para comprometerse por completo! Les dijimos a todos que era una niña, pero no revelamos su nombre. Quería que fuera nuestro secreto para atesorar ya que les habíamos dicho a todos de inmediato que estábamos esperando.

Tuvimos muchas ecografías y fui monitoreada de cerca debido a mi historial. Cada ecografía lucía genial, nuestro bebé era fuerte y mi doctor me dijo que parecía estar teniendo un embarazo "normal". ¿Qué?! ¡Nunca había tenido algo que saliera "normal" para mí! Mis amigos comenzaron a hablar sobre las fiestas que querían hacerme y decidí que quería una fiesta arcoíris para mi bebé arcoíris. A Brandon y a mí nos encantaba ir de compras; comprábamos lindos conjuntos de "mono" cuando encontrábamos una oferta (ya la habíamos apodado nuestra "Pequeña Mono"). Las tiendas y los pasillos que antes evitaba ahora eran nuestros destinos de los sábados. Decidí los colores para la guardería y comenzamos a acumular cosas en la habitación de invitados de nuestra casa con la intención de desocuparla y convertirla en la guardería de nuestro bebé. Una vez más, sería utilizado para lo que yo había reclamado en mi mente años atrás: una guardería.

A las 20 semanas, finalmente comencé a sentir movimiento. Estaba sentada en la iglesia una noche y miré hacia abajo para ver que mi camisa se movía. ¡Me emocioné tanto que casi salté justo en medio del sermón! Durante la próxima semana me acostumbré a sentir sus patadas. Brandon intentaba sentir el movimiento, pero nuestro bebé se calmaba tan pronto como ponía su mano en mi estómago. Él nunca tendría la oportunidad que la mayoría de los papás tienen de sentir que se mueve. Mi doctor dijo que estaba sintiendo su movimiento tan tarde en mi embarazo debido a la posición de la placenta en la parte frontal del útero. Poco sabíamos cual daño la placenta causaría en realidad.

Cirugía de emergencia nuevamente

23 de febrero de 2014. Mi último día llevando a nuestra niña. Era un domingo, y disfruté inmensamente cantando en el coro de la iglesia ese día. Me encantaba cantar, pero especialmente ahora que mi pequeña podía reconocer mi voz. Me hacía saber

que estaba ahí después de terminar de cantar y sentarme. Esa noche la sentí moverse, y de nuevo, Brandon trató de sentirla también. Debe haberle gustado su mano y que le hablara porque se calmó de nuevo. Alrededor de las 3:00 a.m., el 24 de febrero; me levanté sintiéndome enferma. Después de vomitar, mis músculos abdominales se tensaron y dolieron. Esto había pasado una vez antes y estaba volviéndome más sensible a varios alimentos, así que me acosté y esperé a que el dolor se fuera. No estaba muy preocupada.

No dormí mucho esa noche, así que decidí llamar enferma al trabajo y tomarme el día libre por primera vez desde que estaba embarazada. Brandon fue a trabajar, y traté de dormir. Cuando él regresó alrededor del mediodía para revisarme, estaba en tanto dolor que apenas podía moverme. Me miró y me dijo que llamara al doctor. Más tarde me enteraría de que me veía tan pálida que lo llevó a actuar. Mi doctor no estaba allí, y tampoco su enfermera; así que hablé con alguien más, que simplemente recomendó que esperara e intentara hidratarme.

Cuando estás en medio de una crisis, a veces no ves cómo Dios te guía. Mirando hacia atrás, si no nos hubiera guiado a decidir ir al doctor de todos modos, independientemente del consejo de la enfermera, no estaría aquí hoy. Brandon tuvo que ayudarme a llegar al coche, con mi almohada, toalla y papelera cerca. A este punto me sentía delirante y nauseabunda. Apenas podía caminar hacia la oficina. Las enfermeras me pusieron de inmediato en una silla de ruedas, pero cuando la enfermera practicante me vio, dijo que necesitábamos ir a la sala de emergencias para recibir líquidos de inmediato.

Habiendo pasado por la experiencia de la sala de emergencias varias veces antes, y con la esperanza de acelerar el proceso, le pedimos que llamara con anticipación y los preparara para que supieran que íbamos. Lo hizo, y para mi sorpresa, me llevaron a la planta de maternidad. Intentaron poner una vía intravenosa pero no pudieron, porque mis venas se cerraban. Una enfermera maravillosa entró a intentar la vía intravenosa, y terminaría quedándose conmigo el resto de la tarde y la noche.

Fue exitosa, pero solo después de usar una aguja intravenosa de tamaño de bebé. El médico de guardia y las enfermeras pensaron hasta este punto que solo estaba gravemente deshidratada y después de algunos líquidos, debería estar bien para irme a casa. Mis venas se estaban colapsando, pero no por deshidratación. Cuando se recibieron los resultados y los análisis de sangre regresaron, revelaron que mis niveles de plaquetas estaban gravemente bajos. Afortunadamente, nuestra niña todavía estaba bien.

Me trasladaron a una habitación y me hicieron otra ecografía. Sabía que estaban buscando algo, así que empecé a preocuparme un poco. Mi presión arterial estaba peligrosamente baja, así que inclinaron la cama para que mi cabeza estuviera hacia abajo. Solo estar acostada allí era tan doloroso, y cada vez que me tocaban parecía insoportable. El médico me dijo que estaba teniendo contracciones. "No me sorprende el dolor", pensé. Pero esto me preocupó aún más por la bebé, a quien ahora llamábamos cariñosamente Baby Girl.

El médico me dijo que estaba sangrando internamente y que necesitaban hacer una tomografía computarizada para determinar la ubicación. Se fue, pero volvió poco después y me dijo que tenía miedo de esperar a hacer una tomografía. Necesitaría cirugía de inmediato. Tenía la esperanza de que pudieran encargarse de ello sin molestar a nuestra bebé. Era amiga de mi médico personal y dijo que se lo haría saber. Otra forma en que Dios estaba cuidando de nosotros.

Nos dijeron que, debido a que tenía 22 semanas y 2 días, Baby Girl estaba a punto de lo que consideraban "viable" y no harían nada para ayudarla si nacía durante la cirugía. Hasta este punto, la gravedad de la situación no me había impactado realmente. Estaba cada vez más delirante todo el tiempo por la pérdida de sangre. Pero incluso en ese estado, me enfurecí. ¿Cómo podrían negarse a ayudar a mi bebé si lo necesitaba? Llamaron al jefe de la UCI neonatal para hablar con nosotros... para intentar calmarme, estoy segura. Es curioso cómo algunos momentos como esos quedan grabados en mi mente, aunque gran parte de ello es confuso.

Le dije a Brandon que llamara a mis padres, y me llevaron a prepararme para la cirugía. Recuerdo al médico masculino (que había sido llamado para ayudar en mi cirugía) diciéndole a Brandon que mi cuerpo estaba en shock, y que no podía expresar lo suficiente lo grave que era esta situación. Mientras tanto, aunque estaba bastante "fuera de mí", era muy consciente del intenso dolor en mi abdomen.

Una vez en el quirófano, intentaron que me moviera de la cama a la mesa, pero no pude. No es que no lo intentara, pero estaba en tanto dolor que absolutamente no podía moverme. La enfermera, que había estado a mi lado desde que me pusieron el suero, intervino y dijo: "No puede. Está en demasiado dolor". Estaba muy agradecida con ella. Me dijo que se quedaría conmigo durante la cirugía, y así lo hizo. Cuando nuestra hija entró en este mundo, ella fue quien inmediatamente comprobó si tenía latido, pero no lo había. También fue ella quien llevó a nuestra hija a Brandon por primera vez. Sabemos que Dios puso a esta mujer allí para nuestra comodidad ese día y en la semana siguiente.

Dios había respondido una oración no expresada de mi parte. Ni siquiera sabía que tenía que orar de esta manera, pero Él conocía mi corazón de madre y respondió de todos modos. Dios sabía la horrible angustia que había sentido al considerar la posibilidad de que mi hija naciera luchando por sobrevivir y no recibir ayuda médica. Así que se llevó a mi hija en Sus brazos de una manera más pacífica. Mientras yo "todavía la tenía dentro", como dice mi doctora.

Trauma Post-Cirugía

Cuando uno "despierta" de la cirugía, no está en un estado mental verdaderamente coherente. Así que cuando desperté, recuerdo haber preguntado a la enfermera si mi bebé estaba bien. Ella solo preguntó si estaba lista para ver a mi familia. Entonces supe la respuesta. El resto de esa noche e incluso el día siguiente están bastante borrosos en mi memoria. La mayor parte de lo que sé al respecto viene de lo que me han contado. Sin embargo, una cosa permanece en mi mente. Eso es cuando Brandon me dijo que le había dado el nombre oficial de nuestro bebé a todos. Danielle Grace. Este era el nombre que tanto había querido. Pero aún no nos habíamos comprometido por completo con él. Danielle. El nombre que casi me dan. Y Grace. Que Brandon eligió, que significa "Bendición". Recuerdo que mi corazón se elevó al escuchar esta noticia.

Mi doctora, la que había estado con nosotros en nuestro camino, había venido a estar allí durante la cirugía también. Estaba libre ese día, pero cuando se enteró de lo que estaba sucediendo, inmediatamente vino al hospital. Su presencia me reconfortó cuando desperté. Dios nos había bendecido con no solo una doctora, sino una amiga. Ella nos guiaría a través de algunos de nuestros días más difíciles en las semanas por venir.

El médico masculino vino al día siguiente y explicó los detalles de lo que había destrozado completamente nuestro mundo. La placenta había crecido completamente a través de la pared del útero, envuelta alrededor del exterior y luego desgarrada. Habían sacado más de 2 litros de sangre de mi abdomen, lo que había hecho que mi nivel de plaquetas bajara a un rango extremadamente peligroso. Había perdido básicamente mi suministro de sangre. Mientras estaba en la mesa de operaciones, mi útero se había roto debido a la adherencia de la placenta en su exterior. Si eso no hubiera sucedido mientras ya estaba en cirugía, los médicos no habrían podido llevarme a una sala de operaciones a tiempo para salvarme. En otras palabras, si hubiera entrado a la cirugía solo veinte minutos más tarde, no habría sobrevivido. Obviamente, la mano de Dios estaba en el momento adecuado.

No podría llevar a un bebé de nuevo. Esto demostraría ser algo por lo que también tendría que llorar. Tenía una incisión vertical que requería casi cuarenta grapas para cerrar y un puerto en mi cuello que habían utilizado para enviar sangre directamente a mi corazón. Pasaría una semana en el hospital mientras vigilaban de cerca mis niveles de sangre. También hubo un susto de neumonía, que causó una tos increíblemente dolorosa.

Durante esta semana, tuvimos muchos visitantes de familiares y amigos, pero las únicas veces que sentí una paz verdadera fue cuando tenía a Danielle en mis brazos. Aunque sabía que ya estaba en el cielo, tenerla a mi lado hizo que el dolor fuera más fácil de soportar. Honestamente, podría decir que sostenerla hizo que todo el dolor, el dinero y los altibajos valieran la pena. Los desafíos físicos de esa semana fueron muchos y, a veces, opacaron el dolor emocional. Hubo muchas lágrimas en el hospital, pero yo estaba tomando dosis altas de medicamentos para el dolor, lo que enmascaró un poco la realidad para mí.

Tuvimos a un amigo que vino a tomar fotos de nuestra dulce bebé. Las únicas fotos que tendríamos de ella. Fue sorprendente cómo Dani Grace ya tenía nuestros rasgos: mi nariz, los pies de Brandon... era absolutamente perfecta. Tenemos algunas fotos maravillosas de ella para atesorar.

Arreglos Funerarios

Necesitaríamos hacer arreglos funerarios antes de salir del hospital. La mayoría de los padres tienen que dar el nombre de un pediatra, pero nosotros tuvimos que dar el nombre de una funeraria. Literalmente mi cerebro no podía tomar ninguna decisión al respecto. En las siguientes semanas, la capacidad de tomar una decisión (incluso sobre qué comer o cómo quería que se acomodara mi almohada) me abrumó por completo hasta el punto de sentir que mi cerebro se estaba apagando. El trauma en mi cuerpo y emociones me afectó de maneras sorprendentes.

Habíamos pasado la semana en la planta de maternidad. No me di cuenta de lo que Brandon había tenido que pasar cada vez que iba por el pasillo, hasta que me obligaron a salir de mi habitación para comenzar a caminar nuevamente. Había fotos de bebés en todas partes. En las paredes. En las puertas. ¿Era esta alguna forma de tortura cruel e inusual? ¿No podían entender lo que esto haría a mis emociones?

Cuando llegó el momento de que me dieran de alta del hospital, una dulce enfermera trajo nuestra caja de recuerdos. Era una caja hermosa y especial que reservan solo para situaciones únicas. En ella estaban las huellas de los pies y manos de Danielle, su manta, la cinta métrica usada para medir sus grandes pies y la corona que había colgado en la puerta alertando a las personas sobre nuestra situación. Las enfermeras lloraron con nosotros mientras bajábamos por el pasillo. Nuestra situación había afectado a otros también. Me aferré a esta hermosa caja de satén todo el camino a casa. Me hubiera atrevido a que alguien intentara quitármela de las manos. Salir del hospital fue una de las cosas más difíciles que había hecho hasta ahora en mis treinta años. Sentí que estaba dejando a mi bebé y me destrozó.

La mañana siguiente (domingo) tuvimos que ir a elegir un lugar de entierro. Fue tan doloroso levantarme y vestirme. Me senté en el sillón reclinable, mirando uno de los muchos arreglos florales que nos habían enviado las personas que se preocupaban por nosotros. Realmente no lo vi ni nada más en la habitación. Me sentía vacía. Sin corazón. Sentí una oscuridad que nunca había experimentado en toda mi vida. Venía de lo más profundo de mi ser, y sentía que me estaba hundiendo en un abismo. Debería haberme asustado hasta la muerte, pero estaba sufriendo demasiado para sentir miedo. Mirando hacia atrás, era realmente un sentimiento malvado que nunca quiero volver a experimentar. Le envié un mensaje de texto a dos amigos cercanos y les dije lo que teníamos que hacer ese día. Les dije que necesitaba oración. No tenía la intención de orar yo misma (algo muy atípico de mí), pero sabía lo suficiente como para saber que necesitaba que alguien más orara por mí.

Cuando llegamos al cementerio, el hombre no apareció. Eso significaba que tendría que pasar por todo esto de nuevo mañana. Solo pensar en eso me hacía querer desmoronarme.

Había otro cementerio cerca que Brandon había conducido esa semana anterior, y decidimos ir a verlo. Mientras estábamos en el coche, le pregunté a Brandon si estaba contento de que todavía estuviera aquí. Después de todo, médicamente hablando, realmente no debería haber sobrevivido. Por supuesto, dijo que "sí" y me miró con una expresión de desconcierto en el rostro.

Lloré y le dije que necesitaba que me siguiera diciendo una y otra vez que estaba contento de que estuviera aquí. Porque yo simplemente no lo estaba. No quería estar en esta Tierra. Quería estar con mi pequeña hija. Aquella a la que había pasado cada segundo de más de 22 semanas con ella. No pensaba que fuera justo que Dios la hubiera llevado y me hubiera dejado aquí. Este pensamiento me atormentó durante las próximas semanas y sería la fuente de mucho dolor que tendría que soportar. Incluso al decir las palabras, me sentía avergonzada de mí misma. La vida...el mayor regalo de Dios, y no estaba agradecida por ello.

Nos gustó el cementerio. Tanto como se puede gustar de un cementerio donde eliges enterrar a tu hija. Había árboles. Era tranquilo y estaba bien cuidado. Decidimos que en realidad era algo bueno que el hombre del primer cementerio no hubiera aparecido.

Al día siguiente, fuimos a la funeraria y al nuevo cementerio. Estaba nevando. Por primera vez en mi vida, odiaba la nieve. Su frialdad coincidía con la frialdad que sentía en mi corazón. Los hombres que nos ayudaron en la funeraria y en el cementerio fueron muy amables. Escogimos un lugar, pero no pude manejar también elegir una marca para su tumba, así que dejamos esa decisión en espera. Ni siquiera podía decidir qué quería beber, mucho menos lo que quedaría permanentemente en la marca de la tumba de mi pequeña hija.

Esa noche, me desmoroné emocionalmente y le dije a Brandon que tal vez, solo tal vez, podría haber manejado la tensión física O emocional, pero absolutamente no podía hacer ambas cosas al mismo tiempo. Me faltaba el aliento y sentía como si estuviera teniendo un ataque de pánico.

Miércoles, 5 de marzo. Era un día hermoso, pero este era el día en que enterraría el cuerpo de mi hija. Habíamos elegido tener un tiempo privado en familia en la funeraria, así como un servicio privado en la tumba. Algunos miembros de la familia habían viajado, así como un par de amigos cercanos. Nuestro médico, que se había convertido en un gran apoyo, también vino. Danielle lucía tan dulce con un hermoso vestido morado y un sombrero rosa claro, ambos hechos y regalados por amigos. Colocamos una manta morada sobre ella y pusimos un pequeño mono en el pequeño ataúd junto a ella. Arreglé una pequeña rosa rosa en su mano y colocamos un arreglo floral sobre el ataúd. Le besamos la nariz y dijimos: "Hasta pronto". Ese fue el único pensamiento al que podía aferrarme. La volvería a ver.

Se enviaron flores de una amiga dulce y del coro/orquesta de la iglesia. Nuestros mejores amigos (que estaban en otro país), hicieron un rangoli; un memorial, para celebrar su vida. Brandon, Danielle y yo éramos recordados por muchos amigos, aunque no estuvieran allí.

Elegimos transportar a Danielle al lugar de descanso final en nuestro coche. Fue la única vez que los tres viajaríamos juntos. Nuestro pastor dio algunas palabras de aliento en el funeral, aunque admito que no pude escuchar muy bien. Intenté despegar mis ojos de su ataúd, justo frente a mí, pero no pude. Después del mensaje, elegimos liberar una paloma blanca mientras mi padre lideraba a todos en cantar "Fijando mis ojos en Jesús". (Esta canción había sido especial para mí en la escuela secundaria).

No pude cantar. Pero escuché la voz de Brandon, maravillándome de que fuera tan fuerte, y vi la paloma volar hasta que no pude verla más. Una extraña paz vino sobre mí. La paz que solía sentir en mi vida. No la maldad. Dios me dio gracia física, emocional y espiritual ese día. Esa noche, nuestras familias vinieron a comer con nosotros. Mientras todos hablaban, Brandon me dijo en voz baja que debería mirar afuera. Alrededor de nuestra casa había muchos amigos del coro, la orquesta y nuestra clase de escuela dominical. Estaban orando por nosotros. Habían realizado un servicio de oración especial al día siguiente de mi cirugía, y estaban orando de nuevo. Luego cantaron "¡Grande es tu fidelidad!". Esta fue la exhibición más hermosa del cuerpo de Cristo que he visto. Levantó mi triste corazón.

Los Días Siguientes

Los días que siguieron estuvieron llenos de mucho dolor. El dolor físico fue grande y fue muy difícil incluso levantarme de una posición sentada. Descubrí que esto afectaba directamente mi estado mental. No podía dormir tampoco, y la falta de sueño me afecta incluso en tiempos normales. Si me sentía realmente mal físicamente, no tenía ganas de conversar ni de intentar hacer nada. Quería sentarme allí, sucumbiendo completamente a la depresión. Esto, a su vez, afectaba mis emociones. (Las lágrimas nunca habían fluido en tal cantidad como ahora.) Mis emociones oscilaban entre la tristeza, la depresión, la ira y el dolor. Sentía como si Dios, que finalmente había respondido mis oraciones por un hijo, me hubiera traicionado. ¿Por qué respondería dándome a Danielle, solo para quitármela?

Los domingos se volvieron muy difíciles. No podía cantar en la iglesia. Las canciones, llenas de promesas de Dios, parecían hipócritas, palabras vacías. Tal vez aplicaban a otras personas, pero no a mí. Ya no. Eso solo aumentaba mi dolor. Sentía que Dios me había "dejado en la estacada". Sabía en mi mente que esto era ridículo, falso, y que podía confiar en Él. Dios me había sacado de varias situaciones muy difíciles antes. Pero era cómo ME SENTÍA. Esa era mi batalla. Lo que sabía vs. lo que sentía. Mis oraciones a mi Dios consistían ahora solo en: "Ayuda". Sabía que lo necesitaba. Me avergonzaban mis propios pensamientos y sentimientos. Quería ser como una roca de fe, pero estaba siendo desafiada hasta la médula. Estaba siendo sacudida y puesta a prueba de la manera más profunda. Sentir como si hubieras perdido toda alegría y esperanza es un sentimiento devastador.

A pesar de mi ira y dolor, Dios respondió a mi oración y me ayudó. Todavía lo está haciendo. Hubo algunas formas en que esta ayuda llegó. Tuve algunos amigos cercanos que amablemente me permitieron expresar cómo me sentía y nunca me juzgaron. Cuestionaron y se preguntaron conmigo. Mirando hacia atrás, esto fue muy importante. Sabía que podía confiar en ellos con mis sentimientos más profundos, y sabía que orarían por mí para salir del caos en el que sentía que estaba. Sé que otros también estaban orando incansablemente. Brandon también me ayudó muchas veces (y todavía lo hace) recordándome que confíe en lo que y QUIÉN sé que es verdad, no en cómo me siento. Ya había practicado esto antes en su vida, así que ahora podía ayudarme. Después de que mi papá me escribiera una carta, hubo un cambio en mi perspectiva sobre Dios y, posteriormente, en mi proceso de duelo.

Alrededor de la quinta semana de lidiar con todo esto, el Señor comenzó a cambiar mi corazón y mis pensamientos. Anteriormente había sentido (aunque no me atrevía a decirlo en voz alta) que Dios era "responsable" de llevarse a Danielle, pero ahora mis pensamientos estaban cambiando. Es cierto, Dios podría haber evitado todo esto, pero tal vez Él no lo "ordenó". Tal vez simplemente lo "permitió". Fue entonces cuando comencé a estar agradecida de una manera nueva por el hecho de que Cristo había vencido el pecado y la muerte. La verdad es que Él ya había hecho más por mí de lo que merezco.

Con este cambio de pensamiento, crucé un puente en mi proceso de sanación. Comencé a orar de nuevo y encontré compasión del Señor...porque le permití que confortara mi corazón. Todavía lloro y estoy en duelo, pero ahora reconozco cuando estoy cayendo en la desesperación. Esos son los momentos en los que necesito aferrarme a la esperanza de la Palabra de Dios. Puedo cantar de nuevo en la iglesia, aunque por lo general las lágrimas me acompañan. A veces, me imagino a mis hijos y a mí misma cantando alabanzas juntos delante del trono de Dios, y me encanta leer y pensar en el Cielo.

El duelo tiene una manera de desafiarte y sacar lo peor de ti. He sentido la gracia de Dios profundamente, y estoy muy agradecida por ella. Mi perspectiva sobre la vida ha cambiado. Mi vida... la vida de Dani Grace... no es para mi propósito. Es para glorificarlo a Él. Me ha sorprendido ver cómo Dios ya ha usado la breve vida de Dani para impactar las vidas de tantos para bien. Siempre habrá una parte de mi corazón que estará con mis hijos, pero Dios está y seguirá restaurando mi alegría y mi esperanza en Él aquí; mientras espero el día en que me uniré a ellos en el glorioso Cielo que están experimentando.

Algunos consejos personales para amigos que buscan consolar. Estos pensamientos surgieron después de que un amigo me preguntara cómo ayudar a alguien que está pasando por una situación similar.

Cosas que fueron útiles:

1. Amar a mi hija, llamándola por su nombre en conversaciones; no tener miedo de hablar de ella, hacer cosas (o darme cosas) en su memoria, etc. (Esto sigue siendo lo más importante).

2. Amigos que no me corrigieron ni me dieron consejos inmediatamente al principio, sino que oraron por mí o conmigo.

3. Mandarme mensajes de texto todos los días o venir a verme (siempre después de preguntar) para hacerme saber que estaban pensando en mí.

4. Felicitarme por haber pasado otro día o evento importante. Esto realmente fue una victoria al principio.

5. Sacarme de la casa cuando me estaba recuperando físicamente. Esto ayudó a mi estado mental.

6. Venir a sentarse conmigo (y hablar sobre otros temas, no solo sobre mi dolor) para que no estuviera sola durante las primeras semanas.

7. Recordar fechas importantes: por ejemplo: los lunes, ya que marcaban otra semana sin Danielle, luego el 24 del mes, la fecha de parto, etc.

8. Recordarme que la forma en que elegí aferrarme a mi fe honraba al Señor.

9. Sensibilidad general con palabras y acciones para mostrar compasión.

<u>Cosas que deben evitarse:</u>

He aprendido que la forma en que hablas con alguien que está sufriendo es importante. El dolor hace que las personas sean muy sensibles.

1. El casual "¿Cómo estás?" era algo que temía durante mucho tiempo. Un simple abrazo y "Estoy orando por ti" es mejor. Está bien intencionado, pero poner a una persona afligida en la posición de explicar cómo está luchando no es útil, especialmente cuando esa pregunta vendrá de múltiples personas en el mismo día.

2. Decir "Entiendo lo que estás pasando". La situación de cada persona es diferente. Si quieres transmitir que has pasado por un dolor similar, di en su lugar: "Sé que la situación de cada persona es única, pero recuerdo la sensación de dolor de mi situación".

3. Dictar, no sugerir, lo que podría ser de ayuda para la persona. Por ejemplo, "Necesitas leer este libro" o "Ir a consejería". En cambio, di algo como: "Cuando estés listo, podrías considerar ..." Era consciente de lo que podía manejar emocionalmente y a veces ese consejo dictatorial, aunque sincero, no fue realmente útil.

4. Decir "Dios tiene una razón". Esto me implicaba que Dios causó la situación, lo cual no siempre es el caso. En su lugar, di: "Dios usará esto" (Romanos 8:28).

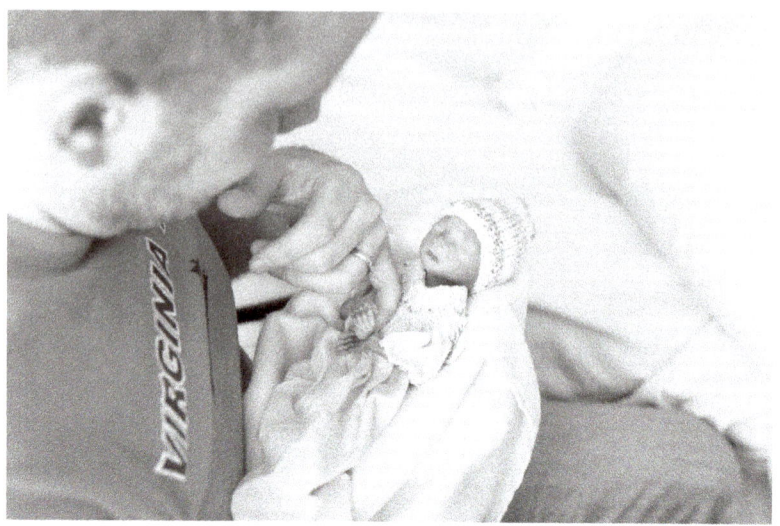

Brandon y Danielle

Los pequeños pies de Danielle

Testimonio personal de Brandon

Una entrada de blog escrita por Brandon el 7 de noviembre de 2013:

"Tú eres Yo Soy"

MarySusan dijo que podía escribir la entrada esta noche. Pensé que mejor aprovecharía la oportunidad mientras pudiera, considerando cuánto ha estado cambiando de opinión sobre las cosas últimamente.

"Tú eres Yo Soy" de MercyMe. Esa es la canción que estaba sonando en la radio mientras entraba en mi coche y conducía hacia la ecografía de hoy. Había escuchado esa canción muchas veces, pero hoy realmente presté atención a la letra y a lo que estaba hablando...

> "He sido el que temblaba de miedo
> Y se preguntaba si estabas aquí
> He sido el que dudaba de tu amor
> Me decía que no eras suficiente"

Eso sonaba familiar. Definitivamente he estado ahí. Estos últimos años han dejado su huella. Yo era el que proclamaba el hecho de que Dios había obrado un milagro con el primer embarazo al salvar a MarySusan y mantener su cuerpo intacto para que pudiéramos tener hijos en el futuro. SABÍA que Dios nos iba a permitir tener nuestros propios hijos. Era tan obvio para mí. Así que estábamos un poco asustados, pero sabíamos que todo iba a estar bien...

> "He sido el que trató de decir
> Que lo superaría por mi propia fuerza
> He sido el que se desmoronó
> Y empezó a cuestionar quién eres"

Pero los años pasaron..... y la decepción parecía convertirse en un ciclo interminable. Veríamos al médico, nuestras esperanzas estarían por las nubes durante dos semanas; nos haríamos la prueba y nuestros sueños se desvanecerían (otra vez), luego solo tendríamos que esperar unas semanas para volver a ver al médico y empezar de nuevo. Empecé a cuestionarme quién ERA Dios?? ¿Realmente le importaba lo que estábamos pasando? ¿Había olvidado lo que se suponía que tenía que hacer? Claro, parecía que estaba bien por fuera..... pero tenía esas dudas todo el tiempo...

"He sido el que estaba abajo, en cadenas
Bajo el peso de toda mi vergüenza
He sido el que creía
Que donde estoy, tú no puedes llegar"

En este punto, pensé que tenía que ser algo que estaba haciendo mal. No tenía suficiente fe. No estaba orando de la manera correcta... no estaba pidiendo las cosas correctas... simplemente estaba demasiado lejos. Conocía mi corazón, y aunque cada mes le decía a MarySusan que todo iba a estar bien y que lo conseguiríamos el próximo mes, yo mismo no lo creía. Estaba desanimado y creía que simplemente había malinterpretado a Dios hace tres años cuando "SABÍA" que nos iba a dar hijos. Estaba demasiado lejos y Él no nos iba a bendecir ahora. Era demasiado tarde...

"Eres el que conquista gigantes, el que llama a los reyes,
cierras la boca de los leones,
haces que los muertos respiren,

eres el que camina a través del fuego, tomas la mano del huérfano.
Eres el Mesías, eres el YO SOY".

Hoy escuché esta canción y supe: Dios ES. Eso es todo. Eso es lo que significa el nombre "YO SOY". Dios simplemente ES. Punto. Fin de la historia. No importa lo que suceda, lo que estemos pasando o lo que pueda venir en el camino; Dios ES. Sé que es más fácil para mí escribir esto ahora que estamos esperando a nuestro bebé, pero eso no cambia a Dios. Él sigue siendo. Si perdiéramos a este bebé mañana, por difícil que fuera, y por cuantas veces pueda fallar; Dios. ES. Eso es simplemente impresionante.

Una entrada de blog escrita por Brandon el 24 de marzo de 2014

Danielle Grace - La Jornada Continúa

Sí, lo sé ... ha pasado mucho tiempo desde que publicamos algo. Nos distrajo mucha emoción ... y mucha decepción. Mucho ha sucedido desde nuestra última publicación, así que esta puede ser un poco larga ...

Hebreos 11:1 dice: "Ahora bien, la fe es la garantía de lo que se espera, la certeza de lo que no se ve".

Las cosas "esperadas", las cosas "no vistas" ... esta es la esencia de la fe. Si pudiéramos ver y entender todo, no habría necesidad de fe. No podemos dejar de bloguear sobre nuestra "Jornada de Fe" solo porque el camino no nos llevó donde pensábamos que íbamos. Esto es una JORNADA, no un destino.

Hace un mes, MarySusan fue llevada de urgencia al hospital por dolor abdominal. Para hacer una larga historia corta, tenía una hemorragia interna grave y ya había perdido mucha sangre. La llevaron rápidamente a cirugía y mientras estaba en la mesa, su útero se rompió y salió nuestra pequeña Danielle Grace. MarySusan comenzó a sangrar aún más, pero afortunadamente estaban preparados y listos para salvar su vida. El médico me dijo más tarde que si no hubiera estado ya en la mesa de operaciones y cortada cuando eso sucedió, habría sangrado hasta la muerte en segundos y no habrían podido salvarla. Si hubiéramos llegado al quirófano veinte minutos más tarde; no estaría aquí hoy. Agradezco a Dios por su tiempo perfecto en que estábamos donde necesitábamos estar cuando eso sucedió.

Como la mayoría de ustedes saben, perdimos a Danielle ese día. Bueno, no la "perdimos"... ella era de Dios para que nos la diera y para que la llevara consigo. Solo tuvo la suerte de irse a casa mucho antes de lo esperado. Ella se saltó todo el dolor y la angustia de este mundo y se fue directo a estar con Dios. Está segura y llena de paz. Creo que el hijo de 3 años de nuestros mejores amigos lo expresó mejor. Cuando le contaron la noticia, él respiró un gran suspiro de alivio y dijo: "¡Estoy feliz porque Uhfwoppy (como la llamaba) está con Jesús ahora y es feliz!" (Luego explicó que era porque estaba demasiado apretada dentro de MarySusan, así que tenía más espacio con Jesús). Dios es bueno. En los días siguientes, pudimos sostener a nuestra pequeña niña una y otra vez. Esa fue la sensación más INCREÍBLE que he experimentado y no la cambiaría por nada en el mundo.

Entonces, ¿qué sucedió? ¿No le dije al mundo que Danielle era el milagro de Dios a partir de lo que sucedió hace 3 años? ¿No se suponía que ella era el testimonio de la gracia de Dios? ¿No se suponía que ella era la evidencia del trabajo de Dios en nuestras vidas? Publiqué todo sobre Dios siendo "Yo Soy" y siendo un Dios de milagros. ¿Se equivocó Dios? ¿Se olvidó de lo que se suponía que debía estar haciendo? No. No lo hizo.

Verás, ella es un pequeño milagro. Un milagro que pudimos sostener y besar y sentir. Un milagro que ha impactado nuestras vidas y corazones para siempre. Ella es un testimonio de la gracia de Dios... Dios nos concedió las 22 semanas y 2 días más increíbles con esta pequeña maravilla. Todavía es evidencia del trabajo de Dios en nuestras vidas. Todos los días, Dios la está usando para impactar no solo a nosotros, sino a tanta gente en todo el mundo. Ella ha tenido más impacto en más personas en sus pocas semanas de vida que la mayoría de nosotros en toda nuestra vida. Mi suegro pudo llevar a dos personas al Señor que estaban pasando por una situación similar alrededor de la misma época. Dios usó a Dani Grace y nuestra historia para tocar sus corazones y llevarlos a Él. ¡Ahora un día podrán conocer a la niña pequeña cuya corta vida tuvo un impacto tan grande en ellos! Dios sigue siendo Yo Soy. Nada de eso ha cambiado. Dios sigue siendo Dios;

incluso si no podemos entenderlo todo. Ahora... antes de que todos digan, "Wow Brandon, tienes una gran fe..." No lo tengo. Este concepto es una lucha diaria, incluso HORARIA para mí. Porque no lo entiendo... realmente no lo entiendo. No tengo idea de lo que Dios está planeando.

Se me ha recordado algo que un amigo cercano nos inculcó en la cabeza hace varios años. A veces, cuando la vida no tiene sentido y no entiendes lo que Dios está haciendo, simplemente tienes que SABER lo que SABES. No SIENTO que Dios sea fiel, pero SÉ que lo es. No SIENTO que Dios me esté amando en este momento, pero SÉ que sí lo hace. No SIENTO que Dios haya recordado lo que estamos pasando, pero SÉ que le importa. No SIENTO que Dios tenga un plan para nosotros, pero SÉ que sí lo tiene. La fe no se basa en SENTIMIENTOS... a veces simplemente tienes que SABER lo que SABES.

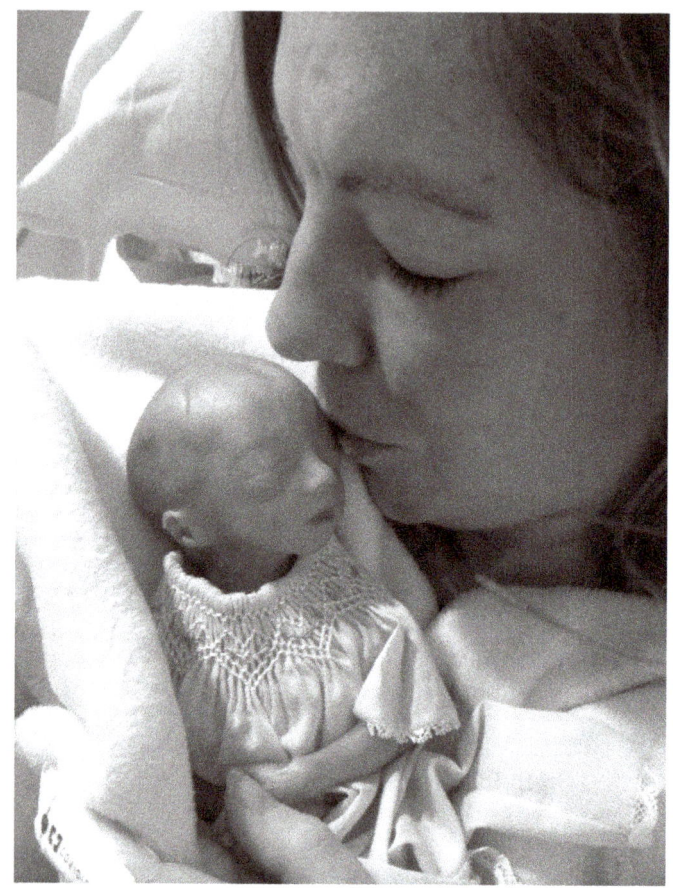

MarySusan embracing Danielle

CAPITULO CUATRO

UNA RAZON PARA LA ESPERANZA

¿Observaste las expresiones de esperanza por parte de Brandon y MarySusan en sus testimonios dados en el capítulo anterior? ¿Cómo es posible? Algunas parejas parecen nunca salir del oscuro sótano de la desesperación para ver la luz del día. ¿Eres tú uno de aquellos que parecen estar pasando por las emociones de la vida, pero lejos de poder decir en tu dolor "Hasta pronto" y significarlo con todo tu corazón?

El milagro de Dios en la concepción

Una de las razones por las que ellos, y otros cristianos que creen en la Biblia, pueden tener una esperanza tan genuina en medio del sufrimiento es porque el propósito de Dios para Danielle no fue anulado por su muerte. Dios crea un cuerpo humano en el vientre de la madre. Mientras que la fertilización de esa primera célula implica tanto a una madre como a un padre, es Dios quien da un espíritu humano para habitar en el cuerpo con el propósito de poder disfrutar de la vida a través de los sentidos del cuerpo. ¡La vida humana es más que el cuerpo! ¡Los humanos son hechos a imagen de Dios! El rey David se maravilló del papel de Dios en su propio desarrollo mientras aún estaba en el vientre de su madre.

31

Salmo 139: 16-17; *Tus ojos vieron mi cuerpo en gestación; todo estaba ya escrito en tu libro; todos mis días se estaban diseñando, aunque no existía uno solo de ellos. ¡Qué difíciles de entender son tus pensamientos, oh Dios! ¡Qué inmensa es su cantidad!*

La promesa de Dios incluso en la muerte

¿Dónde está Dani Grace hoy? Está en la presencia del Señor que la creó. Cuando <u>Jesús</u> estaba en la tierra, algunos niños pequeños querían acercarse a él. Sus discípulos trataron de impedir que los molestaran a Jesús. Fue entonces cuando Jesús dijo lo siguiente:

> *... Dejad que los niños vengan a mí, y no se lo impidáis, porque de los que son como ellos es el reino de Dios (Marcos 10:14).*

Si estos niños pequeños hubieran muerto en ese momento, habrían experimentado la bendición de Dios en el cielo, no la maldición.

> *Y tomándolos en sus brazos, los bendecía poniendo sus manos en las suyas. (Marcos 10:16)*

Alguien podría preguntar: "Entonces, ¿por qué contarles a los niños el Evangelio si no necesitan ser salvados del castigo eterno si mueren?" La respuesta es simple. Comparte con ellos las buenas nuevas de Jesucristo y su muerte en la cruz por sus pecados, para que lo reciban como su Señor y Salvador personal antes de que alcancen la edad de responsabilidad ante Dios y mueran en sus pecados. Pídeles que acepten a Jesús como su Salvador personal antes de que se endurezcan contra Dios a través de sus propios pecados por los cuales más tarde serán responsables.

El rey David tuvo una relación adúltera con la esposa de otro hombre, y conspiró para hacerlo matar en la batalla cuando ella le informó que estaba embarazada de su hijo. Aunque se confesó nueve meses después con un arrepentimiento genuino y tristeza por su pecado (como se registra en el Salmo 51), y el Señor lo perdonó, todavía hubo algunas consecuencias negativas que tuvo que sufrir como castigo de Dios por su pecado.

Una de esas consecuencias negativas fue la muerte del hijo que nacería. Cuando el bebé estaba muriendo, el rey David se negó a comer durante siete días y oró postrado ante el Señor por la misericordia de Dios. Los sirvientes tenían miedo de acercarse a él durante este tiempo, para que él no reaccionara con ira. Cuando el bebé murió, tenían miedo de darle la mala noticia. Al escuchar sus susurros, el rey David preguntó: "¿Está muerto el niño?" Cuando sus sirvientes respondieron afirmativamente, el rey David se levantó, se bañó, cambió su ropa, adoró al Señor en el Tabernáculo y regresó a su palacio para comer.

Sus sirvientes no podían entender el comportamiento de David. Preguntaron:

> *"¿Qué es lo que has hecho? Mientras el niño aún estaba vivo, ayunaste y lloraste; pero cuando el niño murió, te levantaste y comiste pan". (2 Samuel 12:21)*

A lo que el rey David respondió:

> *"Mientras el niño aún estaba vivo, ayuné y lloré, porque pensé: '¿Quién sabe si Dios tendrá piedad de mí y hará que el niño viva?' Pero ahora que ha muerto, ¿por qué habría de ayunar? ¿Puedo hacerlo volver? Yo voy a él, pero él no volverá a mí". (2 Samuel 12:22-23)*

El tiempo de orar y ayunar había terminado. Dios no había respondido a la oración del rey David de la manera que él había deseado. Pero el rey David aún encontró consuelo en la realización de que se reuniría con su hijo después de la muerte.

El apóstol Pablo escribió que Dios ha preparado un cuerpo espiritual en el Cielo para vestir al espíritu humano cuando deja este cuerpo aquí en la Tierra. Un cuerpo espiritual sigue siendo un cuerpo, pero no está hecho del suelo de esta Tierra, y no depende de la sangre para vivir. Dani Grace despertó en el Cielo para disfrutar de su entorno allí arriba, así como habría disfrutado de la vida aquí en la Tierra. Es por esta razón que Pablo declara que prefiere estar ausente de este cuerpo y estar presente con el Señor.

Porque sabemos que si nuestra casa terrenal de esta morada [o cuerpo en el cual nuestro espíritu humano está vestido actualmente] se disolviera [o regresara a la tierra de la cual fue originalmente hecho], tenemos un edificio de Dios [otro cuerpo espiritual que no puede ser disuelto], una casa no hecha con manos [solo de Dios], eterna en los cielos [en la cual nunca sufriríamos la muerte de nuevo]. Porque en esto gemimos, deseando ser revestidos de aquella nuestra habitación celestial: si es que siendo vestidos, no seremos hallados desnudos. (2 Corintios 5:1-3)

Sabemos que Pablo se refiere a nuestro cuerpo en el Cielo, y no a nuestro cuerpo actual, por dos razones. Primero, porque dice que el propósito es no ser encontrado desnudo o sin ropa cuando nuestro espíritu deja nuestro cuerpo actual, y segundo, porque dice que prefiere estar ausente de su cuerpo terrenal en el momento en que estaba escribiendo para estar presente con el Señor.

Estamos confiados, digo, y preferimos estar ausentes del cuerpo, y estar presentes con el Señor. (2 Corintios 5:8)

La experiencia en el Cielo es tan real, que el apóstol Pablo dice que no podía decir si estaba en su cuerpo o no cuando fue llevado al Cielo para recibir una revelación especial de Dios. Estaba tan humillado por esta experiencia que no podía referirse a sí mismo personalmente al escribir sobre ella, no fuera que otros pensaran que estaba presumiendo.

> *No es conveniente gloriarse, pero llegaré a las visiones y revelaciones del Señor. Conozco a un hombre en Cristo que hace catorce años (si en el cuerpo, no lo sé; si fuera del cuerpo, no lo sé; Dios lo sabe) fue arrebatado hasta el tercer cielo. (2 Corintios 12:1-2)*

¿Entonces, a dónde fue Danielle, según el rey David, según el apóstol Pablo y según el Señor Jesús mismo? ¿A dónde van todos los bebés cuando mueren? Según la Palabra de Dios, regresan al Señor que los creó.

La Buena Nueva para los Padres de Dani Grace

Hay otra razón por la cual Brandon y MarySusan han experimentado esperanza en medio de la tristeza. Y es porque saben que se unirán a Dani Grace en el cielo. Esto se basa en el Evangelio sobre Jesús, en quien ellos han creído.

Eso es lo que significa la palabra "Evangelio". Es la Buena Nueva de Dios acerca de Jesucristo. Hace un poco más de dos mil años, Jesucristo de Nazaret nació. Nazaret era un pequeño pueblo en la tierra del norte de Israel, donde Jesús creció como un niño. Su nacimiento fue el más inusual de toda la historia, ya que fue concebido por Dios en el vientre de la Virgen María sin tener un padre humano. Esta fue la forma en que Dios lo señaló al mundo como el prometido Hijo divino de Dios a quien enviaría al mundo para salvar a la humanidad de la pena eterna por sus pecados.

En el primer libro de la Biblia, se nos dice cuándo comenzó la muerte y por qué. Sucedió porque la primera pareja humana,

Adán y Eva, desobedecieron el mandato de Dios. Dios les había advertido que morirían si desobedecían. Si nuestra vida proviene de Dios que nos creó, ¿no es razonable que Él nos pida nuestro respeto al obedecer Sus mandamientos, especialmente cuando esos mandamientos están destinados solo para el bien de Dios que nos da la vida? Sin embargo, Adán y Eva pecaron, y cuando lo hicieron, sus mentes se abrieron para idear sus propias ideas de lo que es correcto y lo que es incorrecto, contrario a la forma en que Dios desea que vivamos.

Por esta razón, Dios informó a Adán y Eva que morirían, y que los cuerpos que Él creó para que disfrutaran de la vida volverían al polvo del cual fueron hechos (Génesis 3:19). Llegaría el día en que su espíritu humano abandonaría sus cuerpos, y sus cuerpos volverían a la tierra.

La razón por la cual los bebés y los niños muy pequeños mueren no es por su propio pecado, sino porque nacen en la línea de sangre de Adán y Eva, los primeros pecadores. En su nacimiento, heredan una naturaleza de Adán para desobedecer a Dios, como lo hicieron los primeros padres en esta Tierra.

En Adán todos mueren. (1 Corintios 15:22)

Cuando los bebés nacen y crecen para convertirse en adultos, no pasará mucho tiempo antes de que manifiesten que han recibido esta naturaleza desobediente desde el nacimiento.

> *Por tanto, como por un hombre [Adán] entró el pecado en el mundo, y por el pecado la muerte; y así la muerte pasó a todos los hombres, porque todos pecaron. (Romanos 5:12)*

> *Por cuanto todos pecaron, y están destituidos de la gloria de Dios. (Romanos 3:23)*

Sin embargo, según la Biblia, la muerte no lo termina todo.

Hebreos 9:27; Y de la manera que está establecido para los hombres que mueran una sola vez, y después de esto el juicio.

Llegará el día en que Dios resucitará a todos aquellos nacidos en Adán de entre los muertos, y juzgará a aquellos que vivieron lo suficiente como para ser responsables por los pecados que expresaron contra Dios mientras estaban en sus cuerpos. Pero la Buena Noticia es esta: Dios prometió enviar a Su Hijo al mundo para pagar, en Su propia muerte en la cruz, la pena que merecemos para que Dios pueda salvarnos de Su propio juicio venidero. ¡Qué amor es este!

Juan 3:16-17; Porque de tal manera amó Dios al mundo, que ha dado a Su Hijo unigénito [Jesús, quien nació de una mujer sin padre humano], para que todo aquel que en Él cree, no se pierda, mas tenga vida eterna. Porque Dios no envió a Su Hijo al mundo para condenar al mundo, sino para que el mundo sea salvo por Él.

Pero para ser salvos, debemos creer en el Señor Jesucristo.

Hechos 16:31; Cree en el Señor Jesucristo, y serás salvo, tú y tu casa.

Brandon y MarySusan han obedecido ese mandamiento. Como "Señor", creen que Jesús es Dios y no solo un hombre; como "Jesús", creen que Él dejó el Cielo como el único Hijo engendrado de Dios y se hizo humano como nosotros para morir por nuestros pecados; y como "Cristo", creen que Él está vivo, habiendo resucitado de entre los muertos, y vendrá de nuevo para traer el reino de Dios a la Tierra antes de destruirla y crear un nuevo Cielo y una nueva Tierra en los que no habrá más pecado ni muerte.

Porque han creído esto en sus corazones, Brandon y MarySusan también han obedecido el mandamiento de expresar su fe personalmente a Dios, invocando el nombre del Señor Jesús para su perdón y salvación eternos.

> *Romanos 10:9, 13; que si confiesas con tu boca que Jesús es el Señor, y crees en tu corazón que Dios le levantó de entre los muertos, serás salvo... Porque todo aquel que invoque el nombre del Señor será salvo.*

¿Has hecho esto, querido lector? Danielle no llegó a una edad para pecar contra Dios con su mente, corazón o cuerpo. Por lo tanto, no es responsable ante Dios. Pero tú sí lo eres, y lo sabes en lo más profundo de los secretos de tu propio corazón. Siendo responsable, no hay nadie más que Dios haya provisto para que puedas ser salvado y perdonado eternamente por Dios quien te creó.

> *Juan 14:6; Jesús le dijo: Yo soy el camino, la verdad y la vida; nadie viene al Padre sino por mí.*

> *Hechos 4:12; Y en ningún otro hay salvación, porque no hay otro nombre bajo el cielo dado a los hombres en que podamos ser salvos.*

Es porque Brandon y MarySusan han escuchado el Evangelio y han puesto su confianza para la salvación en el divino Hijo de Dios, el Señor Jesús, y sólo en Él, que pueden tener esperanza en medio del dolor. Que pueden decir con creencia sincera y confianza en Dios y Sus promesas: "¡Te veremos pronto!"

Estas promesas son para ti, sin importar quién seas o dónde vivas. Vuélvete a Jesucristo para tu salvación y consuelo, y podrás disfrutar de la promesa de Dios para ti hoy, ¡ahora mismo!

Juan 5:24; De cierto, de cierto te digo que el que oye mi palabra y cree en el que me envió, tiene vida eterna y no vendrá a condenación, sino que ha pasado de muerte a vida.

Si deseas más información sobre el Señor Jesucristo, por favor vea la información de contacto al principio del libro.

CAPÍTULO CINCO

LIDIANDO CON LA TRISTEZA

Las siguientes palabras de consejo son para aquellos que son cristianos. Hasta que una persona acepte a Jesucristo como su Salvador personal, permanece separado de Dios. Por lo tanto, no puede recibir el consuelo de Dios en medio de una gran aflicción. Lea el Capítulo Cuatro si no está seguro de su relación con Dios a través de Jesucristo.

Cuando el dolor se vuelve dañino

Cuando la tormenta de una tragedia golpea, comprenda lo que suele suceder emocionalmente. El miedo entrará en su corazón. Esto es parte de la vida. No puede evitarlo. Las olas de tristeza parecerán abrumarlo en cualquier momento en que su mente piense en ello, haciendo que las lágrimas fluyan y que el corazón duela. El salmista clama cuando se separa de su conocimiento con las siguientes palabras: Salmo 88:9; *Mis ojos están enfermos por la aflicción.*

Comprenda el efecto devastador potencial. Satanás aprovecha la oportunidad para destruir la utilidad del creyente cuando está abajo. Busca intensificar la tristeza y hacer que el dolor emocional sea tan intenso que el creyente sea aplastado en espíritu.

Una intensa aflicción o dolor prolongado puede llevar a la depresión psicológica, la depresión física y la enfermedad. Proverbios 13:12; *La esperanza diferida hace enfermar el corazón; pero el deseo cumplido es un árbol de vida.* Proverbios 15:13; *El corazón alegre hermosea el rostro; más por el dolor del corazón el espíritu se abate.*

El resultado final podría ser una sensación de desesperanza que podría llevar a pensamientos suicidas. El apóstol Pedro recordó a sus lectores que arrojaran sus cargas sobre el Señor, porque *él cuida de ustedes.* (1 Pedro 5:7) La razón por la que lo hizo es porque hay un enemigo del creyente que no se preocupa. En cambio, él, como un león rugiente, busca a quien *devorar o destruir.* (1 Ped.5:8)

Comprenda también cómo evitar ser abrumado cuando se encuentra bajo ataque emocional. Es saludable llorar y sentir dolor. Pero reconozca el momento en que entren en su corazón sentimientos de miedo y desesperanza en el proceso de duelo, y contrarréstelos inmediatamente con el escudo de la fe.

Pablo dice que el creyente necesita ponerse toda la armadura de Dios, que incluye el escudo de la fe, con el cual el creyente puede apagar todos los dardos inflamados del maligno. (Efesios 6:16) El salmista escribió; En el día que temo, yo en ti confío (Salmo 56:3) ¡Observe que es en el momento o el instante en que uno se siente temeroso, que debe contrarrestar ese miedo con fe en el Señor!

Cómo levantar el Escudo de la Fe:

En primer lugar, enfoca tus pensamientos en Cristo y su compasión comprensiva hacia ti. Después de todo, Jesús dejó el cielo para convertirse en hombre y sufrió el rechazo. Vino a los suyos, y los suyos no lo recibieron. (Juan 1:11) Él fue un hombre despreciado y rechazado por los hombres; un hombre de dolores y familiarizado con el sufrimiento. Sin embargo, Él no solo llevó su propia tristeza, sino que se hizo cargo de llevar las tristezas del mundo debido al pecado. Él "llevó" nuestras aflicciones y cargó con nuestras tristezas; sin embargo, lo consideramos herido, golpeado por Dios y afligido. Pero Él fue herido por nuestras transgresiones, aplastado por nuestras iniquidades; el castigo que nos trajo paz fue sobre Él, y por sus heridas hemos sido sanados. (Isaías 53:3-5)

Cuando Jesús envió a sus discípulos en un barco en el Mar de Galilea, se levantó una tormenta que amenazaba sus vidas. Jesús, que estaba orando, caminó sobre el agua para ir hacia ellos. Los discípulos gritaron de miedo cuando lo vieron, pensando que era un fantasma. Entonces Jesús les habló, diciendo: "¡Tengan ánimo! Soy yo, no tengan miedo". Jesús quería que sus discípulos aprendieran a mantener sus ojos en Él en las tormentas de la vida.

Pedro, al principio, fue a Jesús caminando sobre el agua, pero cuando vio los vientos turbulentos, tuvo miedo; y comenzando a hundirse, clamó, diciendo: "Señor, sálvame". Jesús inmediatamente extendió su mano y salvó a Pedro de ahogarse, preguntándole por qué dudaba. Cuando entraron en el barco, la tormenta cesó y los discípulos lo adoraron, diciendo: "Realmente eres el Hijo de Dios". (Mateo 14:22-33)

En otra ocasión, Jairo, un gobernante de la sinagoga, vino a Jesús instándolo a que fuera a su casa para sanar a su hija que estaba a punto de morir. Jesús dijo que iría, pero en el camino fue desviado por otra mujer con un problema de sangrado. Después de sanarla, Jesús escuchó que algunos informaban a Jairo que su hija había muerto. Ya no había sentido molestar a Jesús por el asunto. Jesús sabía el miedo y la tristeza que entrarían inmediatamente en el corazón de este padre, y así la Escritura registra que tan pronto como Jesús escuchó la palabra que se habló, le dijo al gobernante de la sinagoga: "No temas, sólo cree".

En segundo lugar, clama a Dios en oración creyente, recitando sus promesas en voz alta si es posible. Sigue haciéndolo hasta que sientas que la fuerza de Dios se levanta dentro de ti para ayudar a mitigar el dolor. Escucha mi clamor, oh Dios; atiende a mi oración. Desde el extremo de la tierra clamaré a ti, cuando desfallece mi corazón. Llévame a la roca que es más alta que yo. (Salmo 61:1-2)

Salmo 62:5-8; Alma mía, espera solamente en Dios, porque de él viene mi esperanza. Él solamente es mi roca y mi salvación; es mi defensa; no seré movido. En Dios está mi salvación y mi gloria; la roca de mi fortaleza, y mi refugio, está en Dios. Confía en él en todo tiempo, oh pueblo; derrama tu corazón delante de él; Dios es nuestro refugio. Selah.

Filipenses 4:6-7; Por nada estéis afanosos, sino sean conocidas vuestras peticiones delante de Dios en toda oración y ruego, con acción de gracias. Y la paz de Dios, que sobrepasa todo entendimiento, guardará vuestros corazones y vuestros pensamientos en Cristo Jesús.

Tercero, da gracias a Dios cuando Él responda a tu oración por fortaleza interior. En todo dad gracias; porque esta es la voluntad de Dios para con vosotros en Cristo Jesús. (1 Tesalonicenses 5:18)

Mantente Alerta

Uno nunca sabe cuándo es vulnerable a un repentino ataque emocional. Por ejemplo, un momento clave es cuando estás solo. Los recuerdos de cómo eran las cosas antes de que la tragedia golpeara profundizan el dolor. Trata de minimizar esos momentos de soledad tanto como sea posible mientras sanas emocionalmente. Incluso cuando no estás solo, algo que veas o escuches podría contribuir a más dolor. Evita estos disparadores si es posible mientras te estás sanando.

Por la noche, Satanás te atacará mientras duermes, causándote que despiertes de una pesadilla con dolor en el corazón. Te despertarás con sentimientos de vacío, miedo y tristeza. Pon inmediatamente tu escudo de fe en oración, enfocándote en el Señor y las promesas de las Escrituras. Leer Sus promesas inmediatamente antes de ir a dormir puede ayudar a prevenir estos ataques.

Intensifica tus esfuerzos para prepararte para cualquier ataque futuro. Cuando estés solo, es el momento de leer las promesas de Dios en voz alta al Señor en oración antes de que llegue cualquier ataque. No permitas que tu mente se enfoque en la tristeza. Enfócate en Cristo pensando en quién es Él, por qué vino a la Tierra, qué hizo cuando estuvo en la Tierra, dónde está ahora, qué está haciendo por ti ahora y lo que promete hacer por ti en el futuro.

Ora por ti mismo la oración que Pablo escribió para los creyentes efesios en Efesios 3:14-21. Recuerda también lo que escribió a los creyentes filipenses;

Regocijaos en el Señor siempre. Otra vez digo: ¡Regocijaos! (Filipenses 4:4)

No empeores las cosas

No permitas que Satanás lastime tu corazón más de lo que ya está tratando de resolver el problema en tu propia fuerza. Jesús sabía que sus discípulos estaban tristes porque iba a partir de ellos y a ir con su Padre celestial. La razón por la que no le preguntaron adónde iba, es porque la tristeza había llenado sus corazones. (Juan 16:6)

Es por eso que Jesús les dijo en el versículo siguiente que era necesario que les enviara al Espíritu Santo después de su partida para consolarlos en su separación de Él. Así que uno de los propósitos del Espíritu Santo, que viene a habitar en cada creyente hoy en día, es ser de ayuda y consuelo hasta que Jesús regrese a recibirnos a sí mismo.

Es vital, por lo tanto, que no apaguemos al Espíritu Santo, para que Él pueda venir en nuestra ayuda en momentos de dificultad y tristeza. (1 Tesalonicenses 5:19)

Otra forma en que podemos empeorar las cosas es respondiendo a tal dolor con autocompasión y enojo. Esto es pecaminoso y apaga cualquier consuelo que el Espíritu Santo pueda proporcionar para contrarrestar el dolor del corazón.

Efesios 5:30-31; *Y no contristéis al Espíritu Santo de Dios, con el cual fuisteis sellados para el día de la redención. Toda amargura, ira, enojo, gritos y maledicencia sean quitados de vosotros, con toda malicia. Sed amables unos con otros, misericordiosos, perdonándoos unos a otros, como Dios también os perdonó a vosotros en Cristo.*

Preocuparse por cómo se resolverá el problema y cuándo desaparecerá el dolor no ayuda, sino que aumenta el dolor. No intentes cambiar lo que no puedes controlar. Preocuparse solo abre la puerta para que Satanás intensifique el estrés emocional. Lee de nuevo las Escrituras de arriba: Filipenses 4:6-7 y 1 Pedro 5:7-8. Vive por fe, tomando un día a la vez. (Mateo 6:34)

Disciplina tu mente para pensar bíblicamente, no negativamente

Filipenses 4:8; *Por lo demás, hermanos, todo lo que es verdadero, todo lo que es honorable, todo lo que es justo, todo lo que es puro, todo lo que es amable, todo lo que es de buena reputación, si hay alguna virtud y si algo digno de alabanza, en esto pensad.*

Busca estar cerca de cristianos que te ayuden a pensar de esta manera. *Lo que también aprendisteis, recibisteis, oísteis y visteis en mí, eso haced, y el Dios de paz estará con vosotros.* (Filipenses 4:9) *El apóstol Pablo describió su ministerio como triste, pero siempre gozoso.* (2 Corintios 6:10)

Reclama la promesa de Romanos 8:28; *Y sabemos que a los que aman a Dios, todas las cosas les ayudan a bien, esto es, a los que conforme a su propósito son llamados.*

Si se siguen estas reglas simples, el dolor de corazón disminuirá, la alegría de la vida volverá y permanecerás

tierno en tu corazón hacia el Señor, hacia la gente y hacia la vida en general. Entonces podrás consolar a otros en el dolor con el consuelo con el cual Dios te sostuvo.

2 Corintios 3-4; Bendito sea el Dios y Padre de nuestro Señor Jesucristo, Padre de misericordias y Dios de toda consolación, quien nos consuela en toda nuestra tribulación, para que

podamos consolar a los que están en cualquier angustia con el consuelo con que nosotros mismos somos consolados por Dios.

Algunos versículos para orar

Aquí hay algunos versículos para clamar a Dios inmediatamente cuando se está bajo un ataque emocional o de pánico. Sigue haciéndolo hasta que el ataque disminuya.

<u>Del libro de los Salmos</u>

Jehová será refugio del pobre, refugio para el tiempo de angustia. En ti confiarán los que conocen tu nombre, porque tú, oh Jehová, no desamparaste a los que te buscaron. (9:9-10)

Te amo, oh Jehová, fortaleza mía. Jehová, roca mía y castillo mío, y mi libertador; Dios mío, fortaleza mía, en él confiaré; mi escudo, y la fuerza de mi salvación, mi alto refugio. (18:1-2)

En mi angustia invoqué a Jehová, y clamé a mi Dios. El oyó mi voz desde su templo, y mi clamor llegó delante de él, a sus oídos. (18:6)

Jehová te oiga en el día de conflicto; el nombre del Dios de Jacob te defienda. Te envíe ayuda desde el santuario, y desde Sion te sostenga. (20:1-2)

Jehová es mi luz y mi salvación; ¿de quién temeré? Jehová es la fortaleza de mi vida; ¿de quién he de atemorizarme? (27:1)

Escucha, oh Señor, cuando clamo con mi voz: ten piedad de mí y respóndeme. Cuando dijiste: "Buscad mi rostro", mi corazón te respondió: "Tu rostro buscaré, oh Señor". (27:7-8)

Si no hubiera creído que vería la bondad del Señor en la tierra de los vivientes, habría desmayado.

Espera en el Señor; esfuérzate, y aliéntese tu corazón; espera, pues, en el Señor. (27:13-14)

Bendito sea el Señor, porque ha oído la voz de mis súplicas. El Señor es mi fuerza y mi escudo; en él confía mi corazón, y fui ayudado; por lo que se gozó mi corazón, y con mi cántico le alabaré. (28:6-7)

Esforzaos todos vosotros los que esperáis en el Señor, y tome aliento vuestro corazón. (31:24)

Bendeciré al Señor en todo tiempo; su alabanza estará de continuo en mi boca. En el Señor se gloriará mi alma; lo oirán los humildes, y se alegrarán. Engrandeced conmigo al Señor, y exaltemos a una su nombre. (34:1-3)

Busqué al Señor, y él me oyó, y me libró de todos mis temores. Los que miraron a él fueron alumbrados, y sus rostros no fueron avergonzados. Este pobre clamó, y le oyó el Señor, y lo libró de todas sus angustias. Los ojos del Señor están sobre los justos, y sus oídos atentos al clamor de ellos. (34:4-5, 15)

Claman los justos, y el Señor oye, y los libra de todas sus angustias. Cercano está el Señor a los quebrantados de corazón; y salva a los contritos de espíritu. Muchas son las aflicciones del justo, pero de todas ellas lo librará el Señor. (34:17-19)

El Señor redime el alma de sus siervos, y ninguno de los que en él confían será desamparado. (34:22)

¿Por qué te abates, oh alma mía, y por qué te turbas dentro de mí? Espera en Dios, porque aún he de alabarle por la ayuda de su presencia. (42:5)

Dios es nuestro amparo y fortaleza, nuestro pronto auxilio en las tribulaciones. (46:1)

E invócame en el día de la angustia; te libraré, y tú me honrarás. (50:15)

Echa tu carga sobre el Señor, y él te sustentará; nunca permitirá que los justos sean movidos. (55:22)

Por la noche, por la mañana y al mediodía clamaré y me lamentaré, y él oirá mi voz. (55:17)

Cuando siento miedo, en ti confío. Alabaré la palabra de Dios; en Dios confío y no temo lo que la carne pueda hacerme. (56:3-4)

Ten piedad de mí, oh Dios, ten piedad de mí, porque en ti confía mi alma. Me refugiaré bajo la sombra de tus alas hasta que pasen estos desastres. (57:1)

Escucha mi clamor, oh Dios; presta atención a mi oración. Desde los confines de la tierra clamaré a ti cuando mi corazón esté abrumado. Condúceme a la roca que es más alta que yo. (61:1-2)

Mi alma espera solamente en Dios; de él viene mi salvación. Sólo él es mi roca y mi salvación; él es mi fortaleza; no seré movido en gran manera. (62:1-2)

Confía en él en todo momento, pueblo; derrama tu corazón delante de él: Dios es nuestro refugio. Selah. (62:8)

Oh Dios, tú eres mi Dios; desde temprano te buscaré. Mi alma tiene sed de ti, mi carne te anhela en una tierra seca y sedienta donde no hay agua. (63:1)

Por tanto, te bendeciré mientras viva; levantaré mis manos en tu nombre. Mi alma será saciada como con tuétano y grasa, y con labios jubilosos te alabaré cuando me acuerde de ti en mi cama y medite en ti durante las vigilias nocturnas. (63:4-8)

Pero yo estoy siempre contigo; me has tomado de la mano derecha. Me guiarás con tu consejo, y después me recibirás en gloria. ¿A quién tengo en los cielos sino a ti? Y no hay nada en la tierra que yo desee además de ti. (73:23-26)

Mi carne y mi corazón pueden fallar, pero Dios es la fortaleza de mi corazón y mi porción para siempre. Pero para mí es bueno acercarme a Dios; he puesto mi confianza en el Señor Dios para contar todas tus obras. (73:28)

Con mi voz clamé a Dios; con mi voz clamé a Dios, y él me escuchó. (77:1)

Porque el Señor Dios es sol y escudo; el Señor dará gracia y gloria; no retendrá ningún bien de aquellos que caminan rectamente. ¡Oh Señor de los ejércitos, bienaventurado el hombre que confía en ti! (84:11-12)

Inclina tu oído, oh Señor, escúchame, porque soy pobre y necesitado. Guarda mi alma, porque soy santo. Oh Dios mío, salva a tu siervo que confía en ti. Ten piedad de mí, oh Señor, porque a ti clamo todo el día. Alegra el alma de tu siervo, porque a ti, oh Señor, elevo mi alma. Porque tú, Señor, eres bueno y perdonador, y abundante en misericordia para con todos los que te invocan. Escucha, oh Señor, mi oración, y atiende a la voz de mis súplicas. En el día de mi angustia te llamaré, porque tú me responderás. (86:1-7)

Enséñame, oh Señor, tu camino; caminaré en tu verdad. Une mi corazón para que tema tu nombre. Te alabaré, oh Señor, mi Dios, con todo mi corazón, y glorificaré tu nombre para siempre. (86:11-12)

Oh Señor Dios de mi salvación, he clamado de día y de noche delante de ti. Que mi oración llegue ante ti; inclina tu oído a mi clamor. (88:1-2)

El que habita al abrigo del Altísimo morará bajo la sombra del Todopoderoso. Diré yo al Señor: Mi refugio y mi fortaleza, mi Dios, en quien confío. (91:1-2)

Por cuanto en mí ha puesto su amor, yo lo libraré; lo pondré en alto, por cuanto ha conocido mi nombre. Me invocará, y yo le responderé; con él estaré yo en la angustia; lo libraré y le glorificaré. Lo saciaré de larga vida, y le mostraré mi salvación. (91:14-16)

Si el Señor no hubiera sido mi ayuda, mi alma habría estado a punto de morir. Cuando dije: "Mi pie resbala", tu misericordia, oh Señor, me sostuvo. En la multitud de mis pensamientos dentro de mí, tus consuelos deleitan mi alma. (94:17-19)

Escucha mi oración, oh Señor, y deja que mi clamor llegue hasta ti. No escondas tu rostro de mí en el día de mi angustia; inclina tu oído hacia mí; en el día en que te llame, respóndeme pronto. (102:1)

Él atenderá la oración de los necesitados y no despreciará su oración. Esto será escrito para la generación venidera; y el pueblo que será creado alabará al Señor. (102:17-18)

Buscad al Señor y su poder; buscad siempre su rostro. (105:4)

Ayúdame, oh Señor, mi Dios; sálvame según tu misericordia. Para que sepan que esto es tu mano; que tú, Señor, lo has hecho. (109:26-27)

Amo al Señor, porque ha oído mi voz y mis súplicas. Porque ha inclinado su oído hacia mí, lo llamaré mientras viva. (116:1-2)

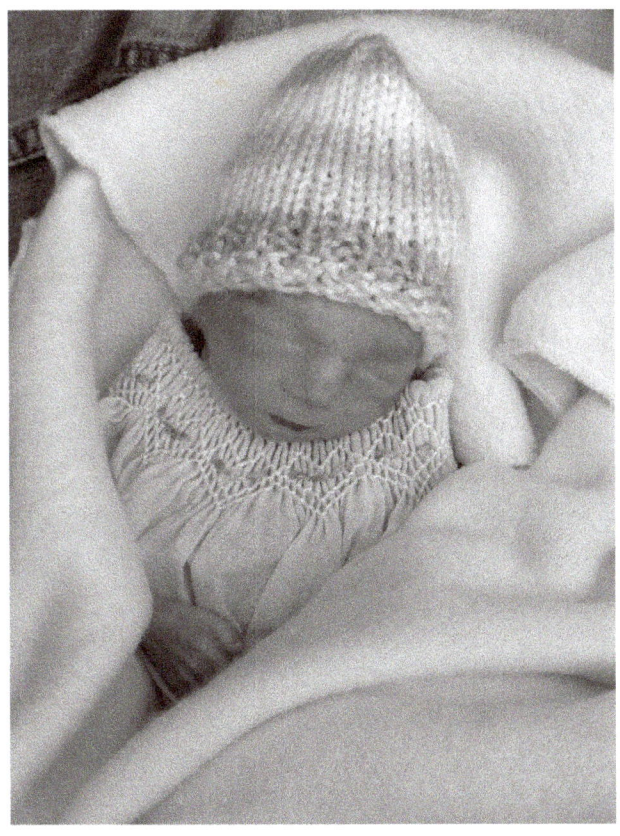

Dani Grace

CAPÍTULO SEIS

HOMENAJES FINALES

DE DANI GRACE PARA MAMA
(Carta escrita por Brandon para MarySusan en el Día de las Madres)

11 de mayo de 2014

Hola mami,

¡Solo queríamos desearte un muy feliz Día de las Madres! Desearíamos haber estado allí para celebrar contigo hoy, pero tendremos que esperar un poco más antes de volver a verte. Escuchamos que tuviste un día bastante bueno y estamos muy contentos de que te hayan reconocido como una "verdadera" madre porque tú eres, y siempre serás, NUESTRA madre.

Has tenido el corazón de una madre desde que puedes recordar, siempre anhelando el día en que pudieras abrazarnos. Hubiéramos sido los niños más afortunados de la tierra de haber crecido en tus amorosos brazos. Nos hubiera encantado despertarte temprano en una mañana de sábado corriendo por la casa persiguiéndonos el uno al otro. Definitivamente hubiera culpado a mi hermano mayor... porque definitivamente hubiera sido su culpa. Hubiéramos deseado aprender a hacer panqueques y huevos contigo... incluso si no hubiera quedado tan bien. :)

Nos hubiera encantado que vinieras a nuestros partidos de fútbol y competencias de animadoras... habrías estado muy orgullosa de nosotros. Nos entristece no poder hablar contigo y pedir consejos durante nuestra adolescencia. y luego correr hacia tus amorosos brazos después de hacer lo contrario a lo que nos dices. Desearíamos haber compartido la experiencia de nuestro primer amor y primeros corazones rotos contigo. Sabemos que nos habrías dejado llorar en tu hombro y nos habrías asegurado que nuestro mundo no estaba acabando. Extrañaremos ver la expresión en tu rostro cuando llevemos a casa a los "especiales" para que los conozcas a ti y a papá... y luego ver cómo le dices a papá que guarde su arma. Desearíamos poder compartir ese día especial en que comprometamos nuestras vidas con alguien para siempre. Sabemos que habrías estado muy feliz y orgullosa de nosotros. porque habríamos elegido parejas como tú y papá.

Hay una vida entera de recuerdos de los que nos perderemos, pero está bien. solo es una vida. Cuando llegues aquí, tendremos SIEMPRE para hacer recuerdos. pero por ahora, Dios tiene algo más para que hagas. Él tiene algún otro plan para ti. En algún lugar, algún día, hay algunos niños por ahí a los que Él necesita que seas su madre. Y eso está bien... estamos dispuestos a compartir... porque sabemos que esos niños serán los más afortunados de la tierra. Eres una persona INCREÍBLE y tenemos la suerte de poder llamarte... MAMÁ. Te queremos y estamos contando los días hasta que te volvamos a ver...

Con amor,

Dani Grace y Bebé #1

Blog escrito por MarySusan en el día que nacería Danielle

28 de junio de 2014

Las lágrimas comienzan casi en el momento en que abro mis ojos. ¿Por qué me sorprendo por esto? Después de todo, ¿no debería estar llorando ya que hoy es el día que representa lo que debería haber sido? Un día lleno de alegría por la llegada de nuestra pequeña niña. Pero en lugar de eso, la vida tiende a ser un poco dura ahora. Quiero decir, una verdadera batalla de mis emociones, que esta semana sentí que había estado conquistando en su mayor parte. Me canso de llorar, y sabiendo que este día se acercaba, había estado luchando por algún sentido de alegría y normalidad toda la semana.

Sin embargo, esta mañana no quería ni siquiera levantarme de la cama. Pero lo hice de todos modos. Porque sabía que tenía que hacerlo. Ya sea que realmente pueda verme o no, quiero que mi pequeña niña se sienta orgullosa de su Mamá. Así que me levanto. Por ella. Elijo seguir adelante, no porque realmente tenga un fuerte deseo de aprovechar los días o enfrentar el mundo, sino porque tengo que elegir dar pasos hacia adelante. Hoy eso significaba comenzar levantándome. Más que la tristeza, quiero celebrar y honrar la pequeña vida de Dani. Quiero que otros también lo hagan.

Miro mi aplicación de la Biblia y aparece el Salmo 23, desde donde había estado leyendo anoche. "Aunque camine por el valle de sombra de muerte, no temeré mal alguno, porque tú estás conmigo..." Aunque yo no sea la que enfrenta la muerte, ciertamente estoy afectada por ella ahora. Y la Palabra de Dios me recuerda que Él está conmigo. Mi dulce esposo me envía un mensaje recordándome que me ama y que estamos juntos en esto. ¿Qué haría sin él? Luego, suena el timbre de la puerta. Hay hermosas flores esperando. De una dulce amiga que recuerda la vida de Dani a menudo y no tiene miedo de hablar de ella. Esta no es la primera vez en este camino que Dios ha usado a otros para animarme a seguir adelante.

Así que, aunque las lágrimas fluyen continuamente como la lluvia (y sé que está bien), trato de pensar en lo que puedo hacer por mi bebé. He descubierto que me ayuda encontrar cosas que hacer POR ella. Saco su libro de bebé y trabajo en terminarlo... algo que no había tenido el coraje de hacer hasta este momento. Más tarde, conseguiremos flores frescas y visitaremos su tumba. (Estoy agradecida de una manera *extraña por este lugar para ir. Sé que no es donde realmente está Danielle, pero con mi primer bebé no tenía esto).*

Dios ha sido bondadoso esta semana al darme vistazos de perspectiva. Recordatorios de lo quebrantado y pecaminoso que es este mundo tan terrible. Estos últimos cuatro meses, he entendido, sentido y estado más agradecida que nunca de que Jesús conquistó la muerte. Aunque egoístamente quisiera a Danielle conmigo todos los días, si llegara el momento, ¿cómo podría desear alejarla de la paz perfecta que está disfrutando en el cielo para que venga a vivir aquí abajo? Así que en cambio, esperaré con ansias el día en que pueda unirme a ella.

Estoy aquí sentada escribiendo con el pequeño vestido de Danielle y su manta del hospital a mi lado, pero también rodeada de otras cosas que nos han dado personas especiales. Cosas que fueron entregadas para mostrarnos que recuerdan y aman a nuestra Dani también. Lo más dulce que anima el corazón de esta mamá es cuando la gente habla de mi hija por su nombre. Así que, sí, por favor continúen orando por nosotros mientras caminamos por este camino.

Todavía lo necesitamos desesperadamente. Agradezcamos hoy a Dios por esta maravillosa bendición llamada Danielle Grace. Dios ya ha usado su corta vida mucho y oramos para que continúe haciéndolo.

Dani Grace, tal vez ahora tengas una dirección diferente (y mucho mejor), pero eres recordada y amada muchísimo. Especialmente por mamá y papá. No puedo esperar para verte de nuevo, nuestra pequeña Monita.

Una canción escrita por el Dr. Daniel R. Carfrey "bendito sea el dios de toda consolación"

Blessed Be the God of All Comfort

Dr. Daniel R Carfrey

Have you wond-ered ___ why God's peo - ple en-dure suf-fer - ings. ___
Has it dawn-ed up - on your mind God's pur-pose for ___ you, ___

___ And sor - row some -times o - ver whelms one's heart. ___
___ To test - i - fy to all His grace and love. ___

___ God ___ knows and ___ un - der - stands your bro - ken spir - it. ___
___ Used of God ___ to win the lost, who know not Je - sus, ___

March 7, 2010

56

2

Blessed Be the God of All Comfort

And may His grace and peace to you im - part.
Be re - con-ciled to God in heav'n a - bove.

CHORUS:

Bless - ed be the God___ of all com - fort,___ The Fa - ther___

___ of mer - cies,___ Who com - forts us in all our trib - u -

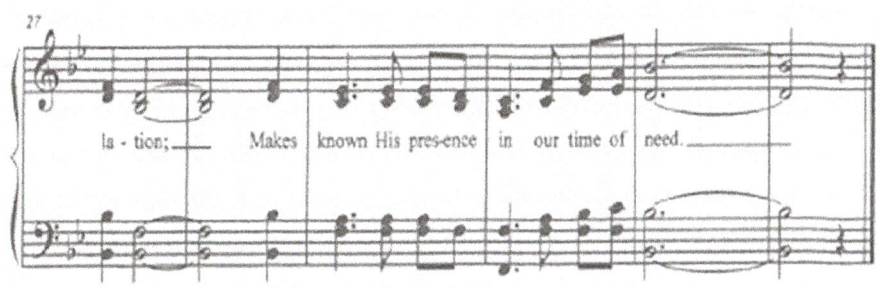

la - tion;___ Makes known His pres-ence in our time of need.___

Servicio memorial para Danielle Grace Williams

Servicios privados en la tumba, Cedar Lawn Memorial Park, Roanoke Virginia

Hora del servicio: 2:00 P.M, miércoles 5 de marzo de 2014

Oficiando: Pastor Robert L. Alderman

Danielle Grace fue precedida en la muerte por un hermano en septiembre de 2010

Sobrevivientes:

Padres: MarySusan C. Williams y Brandon B. Williams
Abuelos maternos: Daniel Carfrey y Shirley Carfrey
Abuelos paternos: Leslie Williams y Jean Williams
Tías: Holly Williams, Valerie Williams y Emily Davis y su esposo John

Quiero comenzar nuestro tiempo juntos con una promesa particular de la Biblia.

Tú guardarás en completa paz a aquel cuyo pensamiento en ti persevera; porque en ti ha confiado. (Isaías 26:3)

Todos hemos llegado a un momento en el tiempo en que necesitamos una infusión de paz. Algunas de las razones por las que nos reunimos para un servicio como este son:

— Estamos cargando las cargas del otro.

— Estamos honrando la vida de un niño, aunque esa vida se nos fue tan rápidamente.

— Estamos expresando nuestro amor por la familia, amigos y relaciones cristianas.

— Estamos enfrentando la realidad de la muerte con el valor de la fe y el poder de estar juntos.

— Estamos regocijándonos en la vida mientras lamentamos la tristeza de la muerte.

Nos regocijamos en las promesas de la resurrección y la vida eterna para los niños.

— Obtenemos esta realidad incluso antes del tiempo de la resurrección de nuestro Señor. Fue el Rey de Israel quien dijo de su hijo fallecido: *"Yo iré a él, pero él no volverá a mí".* (2 Samuel 12:23)

Nos regocijamos en la invitación y la promesa de nuestro Señor con referencia a los niños.

— *Pero Jesús dijo: "Dejad a los niños venir a mí, y no se lo impidáis; porque de los tales es el reino de los cielos".* (Mateo 19:14)

Nos regocijamos en la promesa de paz.

— *La paz os dejo, mi paz os doy; yo no os la doy como el mundo la da. No se turbe vuestro corazón ni tenga miedo.* (Juan 14:27)

Y estamos fomentando el valor de la memoria.

— Aunque la vida de Danielle aquí en la Tierra fue corta, nuestra reunión es una parte de la memoria que tendremos de su presencia y el regalo de su vida.